R Remplaçant.
2230
9

11319

ESSAI
SUR
LA RAISON.

ESSAI
SUR
LA RAISON,
OU

Nouvelle manière de résoudre une des plus difficiles & des plus belles questions de la Philosophie moderne.

Par Mr. DE KERANFLECH.

A PARIS,

Chez VATAR, Libraire, rue de la Barillerie; vis-à-vis la rue de la Calendre.

A RENNES,

Chez { JULIEN VATAR, père, Place du Palais, & rue de Bourbon.
JULIEN-CHARLES VATAR, fils, Place Royale & rue de l'Hermine.

M. DCC. LXV.

Avec Approbation & Privilège du Roi.

PRÉFACE.

C'EST de tout tems que l'on oppose les yeux de l'ame aux yeux du corps; & c'est de tout tems qu'on distingue deux espèces de vue, vue de l'esprit, & vue du corps. C'est de tout tems aussi que l'on s'efforce d'expliquer nettement ces deux manières de voir, & que l'on cherche comment se fait, en quoi consiste la vision, soit intellectuelle, soit sensible.

On sçait assez, en général, qu'une vision du premier genre est une connoissance, une perception, une intellection actuelle bien évidente & bien nette. Telle est la vision d'un homme qui *voit* évidemment que *deux fois deux font quatre*; que *la racine de neuf est trois*; qu'il *vaut mieux être sensé que riche*, &c. : car on *voit* en effet ces cho-

A

PRÉFACE.

ses. On *voit* la vérité d'une proposition. On *voit* l'étendue d'un principe. On *voit* les nombres auxquels on pense, &c.

On sçait aussi, en général, que la vision du second genre est celle qui semble s'exécuter par les organes du corps, & qui nous est occasionnée par le jeu des rayons dans nos yeux.

Enfin on distingue deux lumières, & deux sortes de clarté; l'une intellectuelle, qui éclaire l'esprit; l'autre sensible, qui éclaire aussi, ou qui semble éclairer les corps. Aux deux espéces de vision répondent deux lumières; & autant que les visions different ou paroissent différer, autant les lumières sont différentes, ou en apparence, ou en effet. Un principe de géométrie est tout autrement *lumineux* qu'un flambeau ou un astre; & la *clarté* d'une vérité est une *clarté* bien différente de la *clarté* du jour.

Mais, si l'on en vient au détail & au particulier; quel est le mystère caché de ces deux manières de voir?

PRÉFACE.

En quoi consiste la vision, soit intellectuelle, soit sensible ? Quelle est la nature de la lumière, soit intellectuelle, soit sensible ? C'est ce que nous allons essayer de bien connoître; & cette connoissance insensiblement nous donnera celle *de la Raison*, qui se développera comme d'elle-même dans cette analyse de nos lumières.

Peut-être en voulant instruire ceux qui ne sçavent pas, tombera-t-on dans l'inconvénient d'ennuyer ceux qui sçavent : mais en attendant néanmoins que le sort en décide, on ne va pas se condamner d'avance, ni anticiper son désastre. On ose plûtôt augurer favorablement; & on se flatte même que cet Ouvrage-ci occupera également ces deux sortes de Lecteurs.

Ceux qui ne sçavent pas, y trouveront un développement curieux, une suite de vérités intéressantes. Ils y verront ce qui nous distingue des bêtes, ce qui éclaire généralement tout ce qui pense, de quoi se nourrissent les esprits, de quoi vivent les intelligences, quelle est la situation & la condition de l'ame de l'homme, ce qu'elle est, & ce qu'elle peut être.

Ceux qui sçavent, auront un autre sujet d'étonnement & de surprise : ils verront cette matière, autrefois abstraite, inintelligible, désespérante, devenue parfaitement sensible, simplifiée, familiarisée, & mise à la portée de tout le monde.

Ceux qui ne sçavent pas, seront assez occupés à considérer des explications auxquelles ils n'ont jamais pensé ; & à voir par quelle gradation, par quelle nuance de progrès, on arrive imperceptiblement aux plus hautes spéculations, en partant des notions communes, & de tout ce qu'il y a de plus simple.

Ceux qui sçavent, auront à remarquer comment on a sçu incarner, matérialiser ces vérités sublimes, &

PRÉFACE.

les préfenter fous un jour vraifemblablement inefpéré, & dont les Philofophes apparemment ne les croyoient pas fufceptibles.

Ceux qui ne fçavent pas, ne font pas ceux qui parlent le moins *de la Raifon*. Ils fe difent *raifonnables*, ils s'en font gloire : mais de quoi fe glorifient-ils, ne fçachant pas précifément ce que c'eft que cette *Raifon* ? Peut-être trouveront-ils étrange, après la lecture de ce Livre, que ce dont les hommes parlent le plus, foit ce qu'ils connoiffent le moins; qu'on fe ferve continuellement de cette lumière des efprits, qu'on s'en rapporte à fes décifions, qu'on lui obéiffe, qu'elle oblige, fans qu'on fçache ce qu'elle peut être; & je penfe qu'ils verront volontiers ce qui leur fert ainfi *incognitò* de régle dans leurs jugemens, de confeil dans leurs entreprifes, d'arbitre dans leurs affaires, de maître dans leurs études, de guide dans toute la vie.

PRÉFACE.

Ceux qui sçavent, étoient presque réduits à sçavoir seulement pour eux-mêmes : & peut-être qu'à la vue du nouveau tour & de la nouvelle disposition qu'on donne à ce sujet, seront-ils bien-aises de la facilité qu'on leur procure de se rendre utiles. L'art de rendre sensibles les choses abstraites n'est pas moins précieux que l'art de les trouver. La plus simple manière de démontrer une proposition de Géométrie n'est pas moins un sujet de curiosité que la proposition même ; & c'est, en un mot, un tel sujet qu'on présente ici aux connoisseurs.

Les plus grands Maîtres se sont appliqués à approfondir ce que je traite. Leurs écrits sont pleins de subtilité, d'élévation, de souplesse de génie : Mais plus ils se sont élevés, plus ils ont échappé au vulgaire ; & après tant de fines discussions, de méditations transcendantes, de dissertations de

PRÉFACE.

toute eſpèce, on regarde encore communément cette queſtion comme une énigme. J'oſe eſpérer qu'après un examen pacifique & ſincère de cet Ecrit, on en jugera autrement; & que ma manière d'en préparer & d'en diſpoſer les parties, la fera déſormais analyſer avec la même méthode & la même infaillibilité qu'une queſtion géométrique. Je n'ai eu même d'autre motif que cette eſpérance, pour écrire ce qu'on va voir. Il y avoit déjà aſſez d'Ouvrages ſur cette matière, on avoit aſſez diſcuté les opinions différentes; elles avoient une fois occupé l'Europe entière, & peut-être avoit-on tout dit: mais je voyois qu'on n'entendoit pas tout, qu'on ſe plaignoit de l'abſtraction des meilleurs Métaphyſiciens, & de la difficulté d'entendre les meilleurs Livres.

Je ne ſçais pas, ſans doute, quel jugement on portera de celui-ci: mais je ſçais du moins qu'on l'entendra; &

que s'il n'a pas tout ce qu'on admire dans les Ecrivains dont je parle, il aura toujours une qualité que l'on defireroit en eux; il sera facile à entendre. J'ai tout sacrifié à la clarté, à la netteté du raisonnement, à la simplicité. De l'ordre, de l'économie, de la précision, des comparaisons naturelles, du sensible, c'est tout ce que je présente à l'esprit; & je le conduis par un chemin si commode & si lumineux, qu'il se trouve tout surpris d'obtenir sans effort ce qu'il n'osoit espérer de toutes les peines du monde.

On sçait que dans la ville d'Archiméde, l'eau monte par sa pente naturelle; & qu'elle arrive, en descendant toujours, à quelque hauteur que ce puisse être. L'esprit du Lecteur attentif se trouve ici dans le même cas. Je lui fais prendre un tel biais, qu'il avance, sans s'en appercevoir; & que le tour de sa matière l'éléve secrétement, sans qu'il ait la fatigue de s'élever lui-même.

PRÉFACE.

Du reste j'examine tout ceci, comme si jamais aucun Philosophe n'y avoit pensé avant moi. Je me suis fait un plan tout nouveau. Je ne tâche ni de combattre, ni de soutenir personne ; & si j'arrive à des vérités que d'autres ont découvertes ci-devant, on voit par les principes qui m'y conduisent, & par ma maniére d'y arriver, qu'il n'y a en cela ni affectation, ni esprit de servitude de ma part ; mais que la raison veut quelquefois que nous marchions par même chemin, quoiqu'à parler exactement elle ne nous permette jamais de nous suivre.

Cet Ouvrage est divisé en trois Livres, dont le premier explique *l'usage*, le second *la nature* de la Raison ; dans le troisiéme, en perfectionnant cette connoissance de la Raison, on donnera aussi celle de l'homme. Tous les trois ensemble fourniront des solutions satisfaisantes des principales difficultés de la Métaphysique moderne. Ils ont de quoi guérir radicalement du *Pyrrhonisme* & du *Matérialisme*, les deux grandes maladies de ce tems-ci ; & en nous faisant voir clairement & distinctement ce que nous sommes, ils nous peuvent inspirer des sentimens dignes de ce que nous espérons d'être.

Il est, ce me semble, à-propos, pour la satisfaction de *ceux qui sçavent*, de leur rendre un compte abrégé de l'exécution de mon projet. Ils languiroient à m'accompagner, ou plûtôt à m'attendre, moi qui n'avance qu'à petits pas ; qui ne passe, qu'en examinant le milieu d'une proposition à une autre ; & qui me traîne lentement, pour ainsi dire, de conséquence en conséquence.

Ceux qui ne sont pas instruits peuvent omettre ce qui va suivre, & passer d'ici directement à l'Ouvrage même, dont ils trouveront ensuite, dans ce raccourci, une récapitulation utile, mais trop serrée présentement pour qui n'est point assez au fait.

PRÉFACE.

Après avoir donc remarqué, comme on vient de le voir, qu'on oppose ordinairement les yeux de l'ame aux yeux du corps, & qu'en conséquence on distingue deux espéces de vue, vue de l'esprit, & vue du corps; qu'on distingue deux sortes de lumière; une lumière intellectuelle, qui sert à la vision mentale, c'est à-dire, à la vue de l'ame; & une lumière sensible, qui sert à celle du corps; je cherche d'abord comment se fait, en quoi consiste la vision mentale, & ce que c'est proprement que la lumière de l'ame. Je cherche ensuite comment se fait, en quoi consiste la vision sensible, & ce que c'est proprement que cette lumière sensible. Puis je fais quelques réflexions, qui semblent curieuses & solides, sur ce que je viens de découvrir des deux lumières de l'homme. Tel est le premier Livre en gros: mais il faut un peu de détail, pour en donner une juste idée.

PRÉFACE.

Quand on pense à une chose absente, ou purement possible, ce n'est pas cette chose même qui se présente à l'ame, mais quelque autre s'y présente pour elle, elle sert de *milieu* pour la voir. Or ce *milieu*, cet objet représentant, cet objet immédiat de l'ame, est ce qu'on nomme une *idée*. J'insiste sur cette notion; & je distingue soigneusement nos *sentimens* de nos *idées*. Je prouve démonstrativement la réalité des idées, & que l'idée d'un objet quelconque est cet objet-là même, en un sens; c'est-à-dire, que l'idée d'un cercle a la réalité de ce cercle, en a toutes les propriétés, & doit passer pour un vrai *cercle*. Je prouve enfin qu'on a des idées pour voir tout ce que l'on voit.

Je prouve que les objets qu'on voit ne sont pas visibles en eux-mêmes; & qu'il faut que la vision mentale ne se fasse que par l'entremise de nos *objets immédiats*; que toute notre lumière est

PRÉFACE.

en eux; ou que toutes nos lumières consistent dans les seules idées, je veux dire, dans leur forme distincte, dans leur articulation, si on peut parler de la sorte.

On voit donc tout par les idées: c'est un fait, dont j'ai soin d'expliquer la manière. Mais nous ne voyons pas nos idées; c'est un autre fait: comme nous ne voyons jamais nos yeux, par lesquels nous voyons toutes choses. Or, de cette impossibilité d'arrêter la vue sur les idées, impossibilité qui est de fait, & que j'explique ensuite, je déduis quelques conclusions qui jettent un jour considérable sur toute cette matière des idées. Je passe à la *vision sensible*.

Je démontre, en plusieurs manières, que nous n'appercevons pas les corps immédiatement en eux-mêmes; mais que la vision sensible se fait aussi par l'entremise de quelque *objet immédiat*, qui a ici le même usage que *l'idée* dans la vision dont je viens de parler.

Pour découvrir cet *objet représentant*, je distingue ici, comme ailleurs, entre *sensation* & *vision*; c'est-à-dire, entre *sentir* & *voir*. Je cherche, dans la vision sensible, ce qu'il y a de *vision*, & ce qu'il y a de *sensible*; &, après avoir déterminé ce que nous devons entendre par *voir*, je rebats la distinction de ce qu'on *voit*, & de ce que l'on *sent*. On voit les trois dimensions, les rapports de distance, les figures des objets : mais on ne *voit* point l'éclat des couleurs & du jour. On ne *voit* pas les couleurs; on les *sent*. On ne *voit* pas la blancheur des astres; on la *sent*, & ainsi du reste.

Ce n'est pas non plus dans les couleurs, ni par elles, que l'on voit les corps : mais on les voit par leurs idées; & ce que l'on nomme *vision sensible*, n'est que la *vision mentale*, accompagnée de sentimens qu'on appelle des *couleurs*, que notre ame,

PRÉFACE.

par inadvertance, complique avec ces mêmes idées. Ainsi les *idées colorées* sont en effet tout ce que l'on voit.

Après avoir enfin prouvé que toutes nos lumières, quelles qu'elles soient, consistent dans les seules idées, je conclus que ce qu'on nomme *lumière de la Raison*, n'est que la lumière des idées; & qu'ainsi *la Raison*, je veux dire, *la Raison éclairante*, n'est que les idées mêmes. *La Raison éclairée*, c'est notre ame, laquelle, moyennant ses idées, voit, discerne, arrange, décide, raisonne, déduit, & tout le reste.

Chercher la nature de *la Raison*, c'est donc chercher la nature des *idées*: mais, avant que j'entre en matière, je fais bien remarquer *les usages des idées*. Ici, je ne parle plus aux Philosophes : je m'arrête un moment pour ceux qui n'ont jamais pensé aux idées; je leur en fais voir la multitude, & leur en détaille les services. J'expose, avec le plus de précision qu'il m'est

PRÉFACE.

possible, quelques-unes de leurs merveilleuses propriétés, les obligations qu'on leur a, & enfin l'extrême dépendance où chacun est de ses idées : en un mot, je mets tout en œuvre, pour faire concevoir l'importance de la question des idées ; &, si on se rendoit attentif, on seroit peut-être embarrassé à trouver une étude, ou plus intéressante, ou plus digne de nous que celle-ci.

Après tous ces préparatifs & tous ces applanissemens, qui ne sont encore d'aucun système, mais que tous les systêmes supposent, & qui m'ont paru essentiels, quoique communément négligés ; pour mettre les esprits sur les voies, j'ose commencer le second Livre, qui est une explication distincte de la nature de la Raison.

Une pareille explication ne renferme pas précisément celle de la nature des idées : elle en doit, de plus, développer l'origine tant cherchée, &

PRÉFACE. 17

tirer certaines conséquences qui achèvent d'instruire le Lecteur, & de lui faire envisager les différentes faces de son objet. Un extrait demande qu'on soit court : mais ce qu'il s'agit de détailler demanderoit qu'on fût fort long. On ne peut guères resserrer un Livre déja extrêmement serré, sans le défigurer beaucoup, & sans lui faire perdre de sa force. Ce que je vas dire de la section première, en est moins un précis, qu'une table.

Si, avec de la cire colorée, on imite exactement une grape de raisin ; & si, sans prévenir personne, on expose la grape en plein marché ; *Brutus* qui n'a aucune raison pour s'attendre à cette cire, & qui en a même pour s'attendre à du raisin réel, voit du raisin, en regardant la cire. Il n'arrête, en aucune manière, son attention à la cire. Appliquons ceci aux idées.

I. Les hommes ne sont point prévenus, d'une prévention naturelle, qu'il existe des idées. Ils sont faits, comme s'il n'existoit que les objets & eux. Ils ne s'attendent qu'aux objets. Première raison, pour que l'attention ne s'arrête jamais aux idées.

II. Les idées ressemblent aux objets bien plus parfaitement encore que la cire colorée ne ressemble au raisin; & c'est même en cela que consiste leur perfection, comme idées. Seconde raison, pour que l'attention ne s'arrête pas sur les idées. On croit voir des objets, & non pas des idées. Les Philosophes s'y méprennent comme les autres : l'eau ne courbe-t-elle pas un bâton pour les Physiciens, comme pour le peuple ?

III. Ce sont donc les propriétés & réalités des idées, qu'on méconnoît pour idéales, que l'on attribue aux objets ; & ceux-ci n'ont ainsi que ce qu'on leur attribue; ils ne sont que ce qu'on les fait. Donc, en voyant ce

PRÉFACE.

qu'on attribue aux objets qu'on croit voir, on connoît, par réflexion, ce que renferment les idées; & on a ainsi des miroirs, pour connoître ses idées, comme on en a pour voir ses yeux.

Selon la grande régle de Descartes, pour juger des objets, *on peut assurer d'un objet ce qui est contenu dans son idée :* ici, pour juger des idées, je prens la converse, & je dis : *on peut assurer d'une idée ce qu'on apperçoit de positif & de réel dans son objet.* Je pars de-là ; aussi-tôt je découvre des objets infinis en étendue, & en tout sens. Je vois des objets immuables, des objets éternels, des objets nécessaires, des objets incréés. Donc nous avons des *idées infinies, indépendantes, nécessaires, éternelles, incréées,* & le reste.

Qu'on voie de tels objets, d'une vision mentale, c'est ce qui est indubitable : on y pense. On pense aux espaces prétendus-imaginaires, & on voit qu'ils n'ont pas de fin; à des espaces asymptotiques, dont on démontre l'infinité; à des masses infinies provenues des révolutions de ces espaces; & on entend ce que l'on en dit. On se sert du fameux système de la Géométrie de l'infini; & on ne s'en sert pas à l'aveugle. Donc on voit toutes ces choses, d'une vision mentale.

On pense à l'infini en tous sens, à l'Être infiniment parfait. On pense aux essences métaphysiques & originales des choses créées; essences réelles, puisqu'elles diffèrent entr'elles; essences nécessaires, immuables, & indépendantes de Dieu-même, car elles ne tiennent pas leur existence des volontés Divines: Dieu les suppose, il ne les fait pas. Si elles n'avoient préexisté, Dieu n'auroit sçu rien faire.

On pense à des objets éternels, à des vérités éternelles, qui sont des *rapports éternels* qui n'existent pas sans *choses*. On pense aux genres & aux

PRÉFACE.

espèces, à divers objets généraux, qui sont autant d'objets incréés. Je passe légèrement sur ceci : mais j'approfondis tout, en son lieu. Je vais au fond; des réponses renouvellées des Péripatéticiens, de Messieurs *Régis* & *Arnaud*, & en réfutant ce qu'ils ont dit, j'explique distinctement ce qu'ils n'ont pas pu nous dire.

Il ne faut donc pas que l'on confonde *la perception* & *l'idée*. Nos perceptions sont en nous : nos idées sont en Dieu. Mais pour de pareilles vérités, deux démonstrations valent mieux qu'une; & c'est un avantage pour une première méthode, qu'une seconde conduise au même but. Pour cette raison, je prends un nouveau tour, & vais prouver, d'une autre manière, la divinité des idées.

De ce qu'il faut que *l'idée* renferme le *positif* & le *réel* de tout ce qu'on voit par elle, il suit qu'il y a certains objets irreprésentables par idées. Il n'y a point, par exemple, d'idée de Dieu, rigoureusement parlant : car ce seroit un second Dieu. Donc il n'y a pas, non plus, d'idées des attributs, ni des idées de Dieu. Donc, si on voyoit ces idées, ce seroit sans aucun milieu, immédiatement en elles-mêmes. Cela posé, voici ce que je dis.

Dieu ne juge, & ne peut agir que selon ses idées : donc on ne peut voir ce qu'il doit juger, ni comment il se doit comporter en telle & telle occasion, qu'on ne voie ses idées. Or nous sçavons en mille occasions, & indépendamment de la Foi, de quelle manière Dieu juge. Si nos idées étoient semblables aux idées de Dieu, & rien de plus; nous penserions comme lui, mais sans le sçavoir, au lieu que nous sçavons que nous pensons comme lui. Ainsi nous voyons ses idées, & les siennes mêmes sont les nôtres.

Par un raisonnement semblable ;

on prouve que nous voyons les idées des autres hommes, celles des Anges, des démons, de tous les êtres qui pensent. Donc il y a une *Raison commune*, un seul *sens commun*, une seule *sagesse*, & un seul *ordre* : *Non enim multa, sed una sapientia est, in quâ sunt immensi quidam atque infiniti thesauri rerum intelligibilium*...... Augusti. de Civitate Dei, Lib. II, Cap. 10.

On traite de bon ou de mauvais, absolument & en soi-même, ce qui est ou ce qui n'est pas conforme à la Raison qui nous éclaire : donc on l'apperçoit comme *unique*, & comme *commune* à tout ce qui pense.

Telle est, à peu près, cette méthode qui conduit à des conséquences infiniment avantageuses à la Religion : car il suit de-là, par exemple, qu'il y a un *juste* & un *injuste* en soi ; qu'il y a une vérité absolue, une morale, une vertu, un droit, une racine primitive & du bien & du mal, &c.

PRÉFACE.

On voit bien maintenant pourquoi il faut respecter la Raison, pourquoi elle oblige, &c. On voit bien aussi que les Sciences, le Droit naturel, la Morale, ont un fondement fixe, immuable & solide. On commence enfin à voir clair.

Tout ne l'est pourtant pas encore : car bien que l'on soit convaincu que les idées ne sont qu'en Dieu, il reste encore un voile épais sur la manière dont elles y sont, sur l'union de l'ame avec Dieu; en un mot, sur tout le *comment* du sistême qu'on vient d'avancer : mais tout cela va être applani dans la section qui va suivre.

Cette seconde section commence par une considération de Physique, qui rend ensuite intelligible une Métaphysique toute nouvelle. L'idée des petits Tourbillons composés de Tourbillons plus petits, est enfin familière aux Physiciens modernes. Plusieurs d'entr'eux en composent l'air, la matière éthérée

PRÉFACE.

éthérée & toutes les liqueurs. Je résous la matière éthérée en autant d'ordres de tourbillons, & de différens véhicules, qu'il est nécessaire de distinguer de couleurs primitives. Chaque ordre de petits tourbillons occupe tout le Ciel; & tous ces différens milieux ont leurs fonctions particulières, sans se nuire, sans s'embarrasser, & sans plus se mêler ensemble, que la *lumière* ne se mêle dans le *son*.

Donc, si sept personnes avoient les yeux tellement disposés ou affectés qu'une d'elles vît seulement le *rouge*, une autre le *jeaune*, une autre le bleu, &c.; chacune de ces personnes appercevroit un monde (si une seule couleur suffisoit pour la distinction des objets) aussi complet & aussi continu que les meilleurs yeux le peuvent faire. Car chaque véhicule est un monde; & sept mondes ainsi compliqués ne composent qu'un monde; sept milieux n'en font qu'un.

B

On peut croire enfin que les fibres, qui composent la totalité du nerf optique, sont elles-mêmes composées d'autres fibres correspondantes aux véhicules des différentes couleurs, comme à différens mondes; & qu'ainsi chaque sorte de vibrations nous arrive par son monde. Cela se conçoit dumoins, cela est possible; & voilà tout ce que je demande. Je n'ai nul besoin que cela soit.

Mais, si on peut ainsi supposer qu'à différens organes, il réponde différens milieux; à diverses fibres, différens véhicules; & à divers points du cerveau, différens mondes, ainsi du reste; pourquoi s'arrêteroit-on là, & ne feroit-on rien correspondre à l'esprit même, aux facultés de l'ame? Pourquoi les êtres intelligens, qui diffèrent beaucoup plus des corps que différens filets d'un nerf, ou différens organes ne sçauroient différer entr'eux, n'auroient-ils point leur élément & leur *milieu* propre? Pourquoi seroit-il impossible que les intelligences eussent leur monde, & qu'il y eût un *milieu* pour elles, qui n'embarrassât nullement le *milieu* ou le monde des corps?

On peut imaginer, si l'on veut, que cet élément spirituel pénétre le monde des corps; pourvu qu'on le distingue de ce monde, comme on distingue l'ame & le corps; qu'on sçache qu'ils ne communiquent pas plus que la *lumière* ne se mêle dans *le son*; que les esprits habitent leur monde, comme leur élément & leur air; qu'ils y reçoivent leurs mouvemens, leurs affections, leurs idées; & en un mot, que l'ame agit, & qu'elle se trouve modifiée dans son *milieu* parallélement aux figures, aux actions & passions du corps, dans *le milieu* ou dans le monde des corps.

L'ame, dans cette supposition, n'est

donc pas dans le corps. Elle est dans l'élément ou dans le monde des ames. Et à l'occasion des changemens & des modalités de son corps ; elle est éclairée, affectée par certaines parties de son monde, qui répondent, ou à son propre corps, ou à diverses parties du monde où sont les corps.

Ici on tire les Philosophes d'un de leurs plus grands embarras, qui étoit de concevoir *comment l'ame étoit dans le corps :* ce qu'ils ont débité là-dessus déshonore l'esprit humain, & le retenoit dans de tristes bornes. Quelle joie ne devroient-ils pas avoir de la suppression de tant d'absurdités, & de se voir ouvrir un champ infini, par la découverte d'un nouveau monde ?

C'est donc dans *le monde des esprits*, dans l'élément de toute pensée, que nous voyons toutes choses. Troisième manière de proposer & d'établir ce sistême des idées. Par cette méthode, indépendante des argumens déjà em-

PRÉFACE. 29

ployés, on arrive aux mêmes vérités. On explique la manière, en constatant la chose; & voici seulement les titres des matières qu'on traite sur la route.

On fait voir que les ames ne sont pas dans les corps; qu'il y a un *milieu* des esprits, un élément, un monde des ames; que les intelligences sont unies à ce monde; qu'elles l'habitent nécessairement, & que ce monde enfin est *Dieu* même. *In ipso enim vivimus, & movemur, & sumus. . . .* Act. 17, 28.

On donne une notion distincte & plus exacte de Dieu. On fait voir que cette opinion ne ressemble, en aucune manière, à l'athéïsme de Spinosa. On montre la *singularité* & la *simplicité* de Dieu; comment il est *enfin* la *lumière* des esprits, leur *raison* & leur *monde*.

C'est donc notre union avec Dieu qui nous rend *raisonnables*. Nos esprits *vivent* & se *nourrissent* des lumières,

B iij

des mouvemens & des modalités qu'ils reçoivent de cette union. Ils *vivent* de cette union ; & c'est déjà avoir assez prouvé ce qu'on se proposoit dans cet Essai : mais il s'en faut bien que cette opinion ne soit encore dans tout son jour. On ne finiroit point, si on entreprenoit d'en déduire toutes les preuves, d'en faire considérer toutes les différentes *faces*, & de montrer tous les chemins qui ménent à ce même but. En voici encore un qui conduira à un autre point de vue ; une quatriéme méthode, indépendante de toutes celles qui précédent. Elle se tire du fameux principe de *l'impuissance des causes secondes*.

Il est bien vrai que ce principe est tout aussi contraire aux préjugés des sens, & aussi difficile à persuader, que tout ce qu'on a dit des idées. Mais que fait cette difficulté, si la chose en elle-même est vraie ? Les yeux ont beau nous contester que, dans l'hy-

PRÉFACE.

perbole ordinaire, l'espace asymptotique soit infini : cela n'a, jusqu'ici, empêché aucun Géomètre de le croire. En vain, depuis plus de cinquante siècles, se persuadoit-on, sur le témoignage des sens, que la *chaleur* étoit dans le feu, le *son* & la *lumière* dans l'air, que toutes *les qualités sensibles* étoient dans les corps mêmes : un seul raisonnement a renversé tous ces prétendus témoignages, & a réformé à demeure une habitude de six mille ans. Pourquoi le bon sens & l'évidence n'auroient-ils plus le même privilège ? Sans doute, si nos preuves sont légitimes, nous pouvons espérer. Le vrai l'emportera tôt ou tard ; & l'impuissance des causes secondes deviendra à la fin une notion commune, & avouée de tout le monde.

Au reste, quand nous ne serions pas prophètes, il ne s'ensuivroit rien contre notre philosophie. Nous ne sommes chargés que de raisonner juste ;

& nous nous sommes, ici comme ailleurs, scrupuleusement attachés à ce devoir. En un mot, nous croyons avoir démontré cette impuissance des causes secondes; d'où il suit que nous ne sommes affectés, & ne pouvons l'être que de Dieu seul; qu'ainsi nous sommes unis immédiatement à Dieu seul; que lui seul nous éclaire par des idées, & qu'il est le *lieu* des esprits, &c.

Cette nouvelle manière d'établir la même opinion sur la *Raison* fait le sujet du troisième Livre. Et comme cette impuissance des causes secondes, pour être prouvée & développée d'une manière satisfaisante, demande qu'on explique distinctement la *liberté* de l'homme, & même beaucoup d'autres vérités touchant l'ame & le corps; tandis que d'ailleurs la connoissance de *l'être raisonnable* fait naturellement une dépendance de la théorie de *la Raison*; ce dernier Livre est in-

PRÉFACE.

titulé: *de la Raison & de l'Homme*. On y fait voir, en premier lieu, comment *l'efficace* ou *la puissance* appartient à Dieu seul, & qu'elle ne se peut même communiquer aux êtres créés; que les causes secondes ne sont simplement que *des causes occasionnelles*. On explique comment elles le sont, & comment l'homme est *libre*.... Il suit de-là que les idées qui nous éclairent, qui agissent en nous, qui nous rendent heureux & malheureux, &c. sont en Dieu même. On y fait ensuite divers usages de cette théorie des idées, dans la considération de l'homme; c'est le sujet de la seconde & dernière Section.

Dans tous les Livres de Métaphysique on parle de *l'homme*. Il n'y en a point où il n'y ait des chapitres, des paragraphes, des divisions & des subdivisions sur l'essence, l'union, les facultés & de l'ame & du corps. Mais en vérité, quelle connoissance nous donnent-ils de l'homme ? Le sentiment le plus commun est qu'on ignore l'essence de l'ame; qu'on ignore pareillement celle du corps ; qu'on ne sçait en quoi consiste leur union. Cent autres questions qui en dépendent, sont autant de mystères. Il semble que la science d'aujourd'hui consiste à ignorer toutes choses...... Mais pourquoi a-t-on des principes qui ne ménent à rien ? Ou, pourquoi ne pas mieux approfondir ceux qui ménent à quelque chose ? Si on se donne la peine de nous suivre dans les développemens que nous ferons, on sera autrement payé : car nous allons cueillir dans cette Section le fruit de toutes les autres. Tous les principes sont établis: il ne reste qu'à tirer les conséquences. De ce que nous avons dit sur *la Raison* & sur *l'impuissance des causes secondes*, suit tout ce qu'il faut penser des deux substances qui composent notre être, de leur essen-

PRÉFACE.

ce, de leur union, de leur séparation; des facultés, des propriétés, des changemens, & de tous les états du corps. Ce qui ne peut être certainement que très-utile, même ne fût-il pas vrai; puisqu'il est clair qu'un sistême suivi, qui explique, sans contradiction, ce que la Foi enseigne sur certains points, jette le même ridicule sur l'incrédulité, que si la vérité se montroit par elle-même. C'est, en deux mots, le résultat de cette dernière Section. Les explications qu'elle contient sont peut-être fausses: mais elles sont possibles; cela suffit. Dès lors le bel esprit, ennemi de *la Foi*, est aussi l'ennemi de *la Raison*. Son indocilité est absurde; elle n'a plus de prétexte........ On verra enfin qu'on ne peut abuser des principes Cartésiens, que quand on ne les sçait pas; & que l'ignorance est pour beaucoup dans l'obstination des Hérétiques.

PRÉFACE.

Quelque froid, & quelque indifférend qu'on puisse être, à l'égard des matières philosophiques, on ne peut guères s'empêcher de prendre part à ce qui est démontré dans cet Ouvrage. On n'entend point, avec insensibilité, parler de soi; & cet Écrit est tout employé à nous développer à nous-mêmes. Rien ne fait mieux sentir la dignité & l'excellence de l'ame de l'homme; & on ne peut l'instruire plus distinctement ni sur la situation, ni sur la nature de son être. Car, si on veut bien y prendre garde, ce qui peut mieux faire connoître la nature & les propriétés de l'ame, ce n'est pas une dissertation où l'on ne parle que de l'ame. Pour découvrir ce que l'on peut être, il ne faut pas se borner précisément à se considérer soi-même. On voit plus parfaitement un objet, quand son voisinage est éclairé; & on peut parvenir à mieux connoître ce qu'il est, quand on découvre ses rela-

PRÉFACE. 37

tions à différentes choses déja connues.

C'eût été sans fruit qu'on se fût borné à examiner le cerveau & la tête, pour acquérir la connoissance des sens de *la vue*, & de *l'ouie*. On n'auroit jamais bien connu les *nerfs* acoustique & optique, sans les explications qu'on a eues tant de la *lumière* que du *son*. On ne peut même nier qu'en général, la connoissance physique des qualités sensibles, & des principaux rapports de notre corps au monde matériel qu'il habite, n'ait infiniment contribué à celle de nos organes; & n'ait autant aidé que l'anatomie même, à nous faire connoître le corps humain.

Il ne se peut donc aussi qu'en découvrant la cause de nos lumières, de nos mouvemens, & de toutes nos modalités, & les principaux rapports de notre ame au monde spirituel qu'elle habite, on ne contribue à perfectionner la connoiffance de cette même ame. C'eft dans cette vue qu'eft compofé le Mémoire qu'on préfente ici; & s'il eft lu dans le même deffein, comme il eft raifonnable de le préfumer, le Lecteur fera dédommagé d'y avoir mis un peu de peine.

Qui vit fans fe connoître, meurt fans avoir vécu; & il ne faut pas croire qu'on fe connoiffe, pour avoir été bien rebattu de *fubftances complettes & incomplettes*, *d'exigences d'union*, *d'animalité* & de *rationalité*, & de toutes les branches généalogiques de *l'arbre de Porphyre*. La connoiffance de l'homme emporte que, non-feulement il fe fçache définir (à quoi même les Écoles ne réuffiffent pas), mais qu'il connoiffe fes rélations aux autres natures qui l'environnent, ou dont il peut dépendre; la fituation où il fe trouve parmi elles; fa condition, en un mot, l'état où il eft dans l'univers, & ce qu'il eft capable de devenir.

Or voilà sur quoi nos principes l'éclairent particulièrement. Ce sont ceux de tous les principes philosophiques imaginables qui font le mieux sentir ce qu'il est, & lui apprennent le mieux la différence, les qualités, les propriétés & les combinaisons des deux parties qui le composent.

Les Philosophes ordinairement ne considèrent l'ame que rélativement au corps. Ils la regardent précisément comme *la forme du corps*; & ils la font tenir à la matière, comme si elle ne tenoit point à autre chose. L'ame sans doute, d'un côté, est unie à la matière: personne n'en doute. Mais pourquoi supposer que, de l'autre, elle ne tient à rien? Certainement on n'y pense pas assez. Car, d'une part, on avoue que l'esprit & le corps sont des natures diverses, essentiellement hétérogènes, n'ayant rien, non-seulement de ressemblant entr'eux, mais même qui en approche le moins

PRÉFACE.

du monde: d'une autre part, on admet qu'il existe des natures spirituelles, des essences revenantes à celle de l'ame, proportionnées à ses facultés; que l'ame est créée à l'Image de Dieu, &c. & on veut que cette ame, malgré cela, n'ait de raport, ni de société qu'avec le corps? Qu'elle ne tienne qu'à ce qui lui est disproportionné? Qu'elle tire sa vie, tous ses besoins, ses lumières, ses mouvemens, ses sentimens, sa nourriture, toute la perfection dont elle est susceptible, d'un monde où il n'y a aucune chose qui ait le moindre rapport à tout cela? Il n'est pas naturel de se le persuader; & l'on va voir, tout au contraire, dans le cours de ce Mémoire, que tandis que l'ame est unie actuellement à ce qui est au-dessous d'elle, elle a bien une autre union avec une nature supérieure qui la touche, qui l'éclaire, la meut, la modifie en une infinité de manières; qu'il y a une

PRÉFACE. 41

différence infinie entre ces deux unions; que l'union avec *le corps* est arbitraire, accidentelle, passagère, humiliante en quelque façon, la source de cent mille maux: mais que l'union avec *la Raison* est nécessaire, perpétuelle, la cause efficiente de notre vie, la source de tous nos biens, enfin le principe de la noblesse & de la grandeur de notre être.

Que l'homme ne mette donc point sa gloire à être *le Roi des animaux*. Si notre corps mérite cette qualité, ne nous en vantons pas: mais humilions-nous, au contraire, d'être obligés de lui tenir compagnie sur un si triste trône, & de paître avec lui, pour un tems, dans le monde des corps.

Un jour viendra que nous ne serons plus un mistère & une énigme pour nous-mêmes. Nous nous sentons aujourd'ui confusément: alors nous nous verrons clairement. L'union de l'ame avec la nature divine devenant sensible à son tour, & le devenant d'autant plus qu'elle est plus naturelle, les vrais biens auront désors pour nous l'éclat & les charmes qui leur conviennent. Et on peut bien s'imaginer qu'on sera imperturbable dans la jouissance de la vérité, au sein de la lumière, puisqu'on prétend l'être ici quelquefois dans les ténébres & dans l'erreur.

J'aime un trait que cite Ciceron, au Livre de la vieillesse. Il est d'un Païen, mais d'un homme qui avoit réfléchi sur l'homme. Ce Philosophe se voyoit au lit de la mort. Ses amis assemblés autour de lui témoignoient leur sensibilité sur la séparation prochaine, & sur ce qu'ils alloient ne le plus voir. Qu'appellez - vous, dit-il, *ne me plus voir?* Vous ne m'avez jamais vu. Me prennez-vous pour cette machine que vous voyez périr? Ce n'est pas cette triste figure qui en-

PRÉFACE. 43

tend vos pensées, qui vous fait des raisonnemens, & qui répond aux vôtres. Ce n'est pas cet assemblage de chair & d'os qui vous estime & qui vous aime. Vous ne vîtes jamais votre véritable ami. Nous nous entretenons, nous nous communiquons nos sentimens, par les organes de nos corps, comme le feroient des prisonniers par les soupiraux de leurs cachots. Nous nous donnons ainsi de nos nouvelles; mais nous ne nous voyons pas. Sans doute, nous nous verrons dans peu, quand ces enveloppes seront détruites : car, après leur destruction, nous serons toujours les mêmes. Ainsi félicitez-moi bien plûtôt de ce qu'on va démolir ma prison, & de ce qu'on va tirer le rideau qui m'empêche de jouir de la lumière. *Cyrus Major moriens.*

C'est-à-dire que notre corps est à nous, il nous appartient, nous le possédons, il est *nôtre* : mais il n'est pas *nous*. Notre ame, au contraire, c'est nous-mêmes. Ce n'est pas ce que nous possédons c'est notre être. Ce n'est pas ce qui est à nous, c'est précisément *nous*. Ce n'est pas, ce qui nous appartient, c'est ce que nous sommes.

L'idée de notre ame nous est refusée, durant ce premier monde. Nous sommes dans l'élément des esprits, parmi les autres intelligences qui nous voient; & nous ne voyons, ni notre substance, ni celles des autres. Nous sommes enfin parmi nos semblables, comme les aveugles sont parmi nous. Ceux-ci sçavent qu'ils demeurent réellement avec d'autres hommes; & qu'il ne leur manque, pour être avec eux dans une parfaite société, que de les voir. Nous sçavons de même que nous habitons le pays des intelligences, que nous respirons tous le même élément, que les autres nous voyent, &c. Mais nous sommes astreins présentement à ne voir que des corps, & nous n'avons d'yeux, pour ainsi dire, que pour le monde des corps.

Mais bientôt les choses changeront de face. Nous verrons les autres intelligences; nous nous verrons nous-mêmes. Dégagés du corps & de toute matière, désabusés de toute erreur, nous ne serons plus, ni matériels, ni matérialistes. Nous serons ce que nous sommes. Nous serons plus; nous serons heureux, & heureux pour toujours, si nous ne sommes pas assez insensés, & assez ennemis de notre bonheur, pour nous rendre indignes, pendant cette vie, de ce qui nous est promis dans l'autre.

TABLE DES MATIERES.

ESSAI SUR LA RAISON.

LIVRE PREMIER.
De l'Usage de la Raison.

SECTION PREMIÈRE.
De la Vision Intellectuelle. p. 49.

SECTION SECONDE.
De la Vision Sensible. p. 86.

SECTION TROISIÉME.
Des Usages des Idées. p. 111.

LIVRE SECOND.

De la Nature de la Raison.

SECTION PREMIÈRE.

De la Nature des Idées. p. 129.

SECTION SECONDE.

De l'Origine des Idées. p. 181.

LIVRE TROISIÉME.

De la Raison, & de l'homme. p. 243.

SECTION PREMIÉRE.

Nouvelle preuve de l'Opinion proposée. p. 247.

SECTION SECONDE.

De l'Homme. p. 299.

APPROBATION.

J'AI lu, par l'ordre de Monseigneur le Chancelier, un Manuscrit intitulé : *Essai sur la Raison, ou nouvelle Manière de résoudre une des plus difficiles & des plus belles questions de la Philosophie Moderne*, dans lequel je n'ai rien remarqué qui pût en empêcher l'impression ; il m'a paru même utile à ceux qui s'appliquent à remonter à l'origine des Connoissances Humaines. Fait à Paris, ce 9 Juillet 1763. DUPUY.

PRIVILÉGE DU ROY.

LOUIS, PAR LA GRACE DE DIEU, ROI DE FRANCE ET DE NAVARRE: A nos Amés & Féaux Conseillers, les Gens tenans nos Cours de Parlement, Maîtres des Requêtes ordinaires de notre Hôtel, Grand-Conseil, Prévôt de Paris, Baillifs, Sénéchaux, leurs Lieutenans Civils, & autres nos Justiciers qu'il appartiendra: SALUT. Notre Amé JULIEN-CHARLES VAYAR, Nous a fait exposer qu'il desireroit donner au Public un Ouvrage qui a pour titre: *Essai sur la Raison, ou Nouvelle Manière de résoudre une des plus difficiles questions de la Philosophie Moderne*, s'il Nous plaisoit lui accorder Nos Lettres de Permission pour ce nécessaires. A CES CAUSES, voulant favorablement traiter l'Exposant, Nous lui avons permis & permettons par ces Présentes de faire imprimer ledit Ouvrage autant de fois que bon lui semblera, & de le faire vendre & débiter par tout notre Royaume pendant le tems de trois années consécutives, à compter du jour de la date d'icelles. Faisons défenses à tous Imprimeurs, Libraires, & autres personnes de quelque qualité & condition qu'elles soient, d'en introduire d'impression étrangère dans aucun lieu de notre obéissance. A la charge que ces Présentes seront enrégistrées tout au long sur le Régistre de la Communauté des Imprimeurs & Libraires de Paris, dans trois mois de la date d'icelles; que l'impression dudit Ouvrage sera faite dans notre Royaume & non ailleurs, en bon papier & beaux caractères, conformément à la feuille imprimée attachée pour modèle sous le contre-scel des Présentes; que l'Impétrant se conformera en tout aux Réglemens de la Librairie, & notamment à celui du 10 Avril 1725; qu'avant de les exposer en vente, le Manuscrit qui aura servi de copie à l'impression dudit Ouvrage sera remis dans le même état où l'Approbation y aura été donnée és mains de Notre très-cher & Féal Chevalier, Chancelier de France, le Sieur DE LAMOIGNON, & qu'il en sera ensuite remis deux Exemplaires dans notre Bibliothéque publique, un dans celle de notre Château du Louvre, un dans celle du Sieur DE LAMOIGNON, & un dans celle de notre très-cher & féal Chevalier, Chancelier & Garde des Sceaux de France, le Sieur DE MAUPEOU, le tout à peine de nullité des Présentes; du contenu desquelles vous mandons & enjoignons de faire jouir ledit Exposant & ses Ayants-cause pleinement & paisiblement sans souffrir qu'il leur soit fait aucun trouble ou empêchement: Voulons qu'à la copie des Présentes qui sera imprimée tout au long au commencement ou à la fin dudit Ouvrage, foi soit ajoutée comme à l'Original. Commandons au premier notre Huissier ou Sergent, sur ce requis de faire pour l'exécution d'icelles tous actes requis & nécessaires sans demander autre permission, & non-obstant clameur de Haro, Chartre Normande & Lettres à ce contraires. CAR tel est notre plaisir. DONNÉ à Paris le trentiéme jour du mois de Novembre, l'an de Grace mil sept cens soixante-trois, & de Notre Régne le quarante-neuvième.

PAR LE ROY EN SON CONSEIL,

LE BEGUE.

ESSAI
SUR
LA RAISON.

LIVRE PREMIER.
DE L'USAGE DE LA RAISON.

SECTION PREMIÉRE.
DE LA VISION INTELLECTUELLE.

JE pense à une chose, ou absente, ou purement possible, à cinquante toises cubes de pur or. Je vois la longueur, la largeur & la profondeur de cette masse. Je vois ses parties susceptibles de mouvement

& de repos ; en un mot, je vois clairement ſes diverſes propriétés ; ou, je vois tout ce qu'elle eſt.

Mais qu'ai-je donc préſent à l'eſprit ? Ce cube-là même ? Cette maſſe matérielle ? De l'or ? Non. Ce que j'ai préſent à l'eſprit m'apprend bien qu'un cube de pur or peut exiſter dans la nature ; ou, ce que j'ai préſent à l'eſprit me met en état de parler des qualités, des propriétés, des dimenſions, de la figure de cette maſſe qui peut être : mais ce que j'ai préſent à l'eſprit, ou bien ce qui éclaire mon eſprit, n'eſt point cette maſſe-là même. Ce que j'ai devant l'eſprit *exiſte* ; & ce cube d'or *n'exiſte pas*. Avec ce que j'ai devant l'eſprit, je ſuis parfaitement au fait de tout ce qui regarde ce cube d'or. Qu'il exiſte, quand il voudra ; je le connois d'avance. Il ne m'apprendra rien. Je ſuis inſtruit de tout. Mais ce n'eſt pas lui, puiſqu'*il n'eſt pas*, qui me rend ſi habile. C'eſt quelqu'autre choſe qui lui reſſemble, & qui repréſente pour lui. C'eſt un autre lui-même, un vice-cube : *Cubus vicarius, ſpecies vicaria cubi.*

Or cet autre-là, quel qu'il puiſſe être, par le moyen duquel je connois le cube d'or, qui sert *de milieu* pour voir l'or; ce que j'ai devant l'esprit, ce qui éclaire mon esprit, quand il pense à ce cube; c'est ce que l'on appelle une *idée*. L'idée d'un cube est *ce par quoi l'esprit peut connoître une telle masse, sans qu'elle soit présente par elle-même, & sans qu'elle existe dans le monde*. L'idée d'un parallélogramme est *ce par quoi l'esprit peut connoître cette figure, sans qu'elle soit présente par elle-même*, &c. Et en général, une *idée* est *ce par quoi l'esprit peut connoître un objet, sans que cet objet s'y présente par lui-même*, &c.

Je n'examine point maintenant si mon *idée* est distinguée de mon esprit, ou non. Je considère précisément que c'est une espèce d'image, une ressemblance, un modèle, ou bien une copie qui me remplace la chose & qui renferme, à sa manière, les propriétés de la chose.

Il faut bien que l'idée renferme les propriétés de la chose : ou, pour ne pas tant biaiser ni tergiverser pour un mot, *il faut que l'idée d'un objet soit cet objet-là même en un sens*. Si l'idée, par exemple, d'une montagne n'étoit une montagne, en un sens; ou, si cette idée ne contenoit la figure, les dimensions & les propriétés quelconques de la montagne, en aucun sens; elle ne seroit pas plûtôt l'idée de cette montagne que d'une autre chose. On n'y devroit pas plûtôt voir une montagne qu'un ruisseau; ou, que l'opposé de l'objet dont on prétend qu'elle est l'idée. Car en une idée, non plus qu'ailleurs, on ne doit rien trouver s'il n'y est; on n'y sçauroit rien voir, s'il n'y est; & il n'y a rien, si elle ne l'est.

Mais pour mieux éclaircir ceci, & pour épurer davantage cette première notion de l'idée; afin de voir précisément, quand elle sera réduite & purgée, ce que *l'idée* est, & ce qu'elle n'est pas; imitons les Physiciens, qui pour mieux voir certains effets, ont recours au récipient de la machine du vuide : & là, dans un milieu plus pur, sans complication de causes, ils voient les choses hors de ce monde, & pour ainsi dire, mises au net. Considérons aussi l'idée dans un milieu plus pur; allons avec elle hors du tumulte, & transportons la aussi quelque part où l'on puisse la voir seule. Considérons l'idée en Dieu: elle est là dans sa pureté, dans toute la netteté de son être.

Avant que les choses que Dieu a faites eussent la moindre propriété, avant qu'elles fussent ; sans doute elles n'étoient pas visibles, je veux dire, visibles en elles-mêmes ; car on ne peut pas voir ce qui n'est pas. Or Dieu voyoit pourtant tous les êtres qu'il a faits : donc il les voyoit en lui seul. Il voyoit en lui leurs essences, leurs propriétés & leurs formes ; & ce par quoi il voyoit tout ce monde, étoit *l'idée* même de ce monde. Ce qu'il y a en Dieu par quoi Dieu connoît un triangle, est *l'idée* même de ce triangle. En général, ce qu'il y a en Dieu par quoi Dieu connoît une telle chose, est *l'idée* de cette chose. *Sunt ideæ principales formæ quædam, vel rationes rerum stabiles atque incommutabiles, quæ ipsæ formatæ non sunt, ac per hoc æternæ ac semper eodem modo se se habentes, quæ in divinâ intelligentiâ continentur. Et cum ipsæ neque oriantur neque intereant, secundùm eas tamen formari dicitur omne quod oriri vel interire potest . . . Quod si rectè dici vel credi non potest Deum irrationabiliter omnia condidisse, restat ut omnia ratione sint condita ; nec eâdem ratione homo quâ equus : hoc enim absurdum est existimare. Singula igitur pro-*

priis sunt creata rationibus. Has autem rationes ubi arbitrandum est esse, nisi in ipsâ mente Creatoris? Non enim extrà se quidquam positum intuebatur, ut secundùm id constitueret quod constituebat: nam hoc opinari sacrilegum est. Aug. lib. 83 Quæstionum, Quæstione 46.

Mais l'idée qui est en Dieu, par exemple, du triangle, contient toute la réalité & toutes les propriétés du triangle : car il y a contradiction qu'aucune intelligence voie un triangle où il n'y en a pas. Donc si Dieu, avant qu'il fît des corps, voyoit ou connoissoit cette figure, il l'avoit en lui-même : ainsi son idée du triangle étoit un véritable triangle. Sans cela, lui qui ne voyoit que cette idée, car il ne voyoit certainement que ce qu'il avoit en lui ; *non enim extrà se quidquam positum intuebatur ... nam hoc opinari sacrilegum est* ; lui, dis-je, en cette supposition, n'auroit jamais vu de triangle : donc il n'en auroit pas pu faire. Ainsi les idées sont *réelles*, & elles renferment, à leur manière, la réalité des objets dont elles sont les idées.

On le peut prouver autrement, & pour cela il ne faut que deux mots.

SUR LA RAISON. 55

L'idée du cercle est différente de l'idée du triangle: or deux néants ne diffèrent pas entr'eux; ainsi les idées sont réelles. Reste à sçavoir de quelle réalité: c'est manifestement de celle que l'on y voit; & qu'y voit-on? Un cercle en l'une, & un triangle en l'autre. Donc il est clair que l'une est un vrai cercle, &c.

C'est assurément par ce qu'on voit en elles, que les idées diffèrent entr'elles: or elles ne diffèrent que par ce qu'elles sont; car le moyen de différer par ce qu'elles ne sont pas? Donc les idées sont ce qu'on y voit. Donc l'idée d'un cercle est un cercle, &c.

Qu'on en doute encore, si l'on peut: je le démontrerai bientôt, quand je raisonnerai ailleurs sur la *réalité objective*, & sur ce que les Ecoles appellent, *être objectivement dans l'idée*. Il ne faut s'appliquer maintenant qu'à entendre ce que je dis, qu'à s'assurer de ma pensée; on en jugera dans la suite. Revenons à ce milieu pur, où nous avons laissé l'idée en expérience, pour ainsi dire, & comme dans le vuide.

Je l'observe encore en cet état, & la première chose que je remarque est que les idées sont en Dieu, sans au-

C iv

cun mélange de sentimens ni de sensations, de son, de couleur, de saveur, &c. Ce qui fait bien voir, si je ne me trompe, qu'un *sentiment* est autre chose qu'une *idée*, qu'il y a une différence totale entre le *sentiment* & *l'idée*, ou entre *sentir* & *voir*; puisque Dieu voit, & qu'il ne sent pas; puisqu'il a des idées en lui, tandis qu'il est de son essence d'être incapable de sentimens. *Je ne crains point l'équivoque du mot de* SENTIMENS: *on voit bien en quel sens je parle.*

Si on ne se contente pas de cette preuve, quoiqu'elle paroisse fort claire, on en peut trouver une en soi: car, cent fois le jour on éprouve qu'autre chose est de *voir*, autre chose est de *sentir*. Lorsque l'on sent quelque chose, on ne sçauroit dire ce que c'est: car qu'est-ce qu'une douleur, un plaisir, une couleur, un son, & le reste? On sent ces choses; on ne les voit pas. Mais, quand on voit, quand on a une idée, on sçait fort bien ce qu'on voit. On peut rendre compte de ce que l'on voit. Je sçais ce que c'est qu'une *parabole*; l'idée que j'en ai me l'apprend, & me met en état de l'expliquer à d'autres.

Quand j'ai l'idée du triangle-rectangle, je sçais, ou je vois clairement que les deux angles aigus égalent son angle droit ; que le quarré du grand côté vaut la somme des quarrés des autres. Je suis en état de parler, de raisonner sur ce triangle. Je sçais la valeur de son aire, & une infinité d'autres choses. Je vois, j'entends tout ce que je dis ; je puis le faire entendre à d'autres : & voilà l'effet de l'idée.

Mais, lorsque je souffre une douleur, ne me demandez rien de plus. Je ne sçais ce que c'est. Elle ne me représente rien. Je ne puis rien voir en elle. Elle ne m'apprend rien, ni sur sa nature, ni sur la nature d'aucune autre chose. En un mot, je souffre en aveugle : je sens beaucoup, & je ne vois rien.

Il faut donc retenir ce principe, qu'autre chose est de *voir*, autre chose est de *sentir* ; que *l'idée* & le *sentiment* sont le jour & la nuit ; que puisque Dieu a des idées, & qu'il n'a point de sentimens ; *idée* & *sentiment* diffèrent essentiellement ; & qu'en un mot, puisque la conscience nous apprend que les sentimens ne nous éclairent point; mais que les idées nous éclairent, & nous font connoître les objets; il n'est pas possible de confondre les *sentimens* & les *idées*.

Quand on définit donc l'idée, *ce par quoi l'on connoît une chose*, &c.; par *connoître*, il faut entendre, *voir*. Ou pour plus de précision, il faut définir une idée : *ce par quoi nous voyons une chose, sans qu'elle soit présente par elle-même, & sans qu'elle existe dans le monde.* Voilà les *sentimens* exclus, & la notion de *l'Idée* purgée de ce qui n'y doit pas être.

Il est sûr que les sentimens, ou les sensations quelconques sont des modifications de la substance même de notre ame; & il est sûr, d'un autre côté, que ces modifications sont inintelligibles pour nous; qu'elles nous sont toutes inexplicables, & que nous n'y comprenons rien. Nous avons beau sentir, souffrir; nous n'acquérons aucune lumière. Que faut il donc conclure delà ? Que si nos idées étoient aussi des modifications de notre ame, elles ne nous éclaireroient pas ? Que nous ne verrions rien en elles, comme on ne voit rien dans une douleur, dans une odeur, ou dans un son ?

Non; je ne conclus point cela. On a peut-être, sans le sçavoir, des modifications de deux sortes. Les unes ne nous représentent rien, & sont parfaitement obscures; celles-là s'appellent *des sentimens*. Les autres sont représentatives, & nous éclairent sur la nature de ce que nous pouvons voir en elles; & celles-ci s'appellent, des *idées*. En un mot, je ne touche pas ici à la nature de nos idées. Je veux seulement qu'on remarque la différence essentielle qui se rencontre entre nos idées, & ces manières d'être de notre ame qu'on appelle, des sentimens. Et si les unes sont, comme les autres, des modifications de notre ame, j'avertis que dans cet Ouvrage-ci je ne donnerai le nom d'*idées* qu'à celles-là de nos manières d'être qui représenteront quelque chose. Car les idées sont faites pour *voir*; & tout ce qui n'est pas fait pour *voir*, ne doit pas s'appeller idée. Il suffit, pour en convenir, qu'on entende la force de ce mot.

Il est bien clair que notre esprit a des images, ou des idées, pour voir tout ce qu'il voit. Car toutes les choses que l'esprit voit, lui sont visibles sans qu'elles existent, puisqu'il y pense sans cela. (Nous parlons des choses créées.) Donc il ne voit pas alors ces choses immédiatement en elles-mêmes : donc il a alors des idées.

Mais ces idées, si commodes pour tout voir, sont-elles absolument nécessaires ? Est-il absolument impossible, sans l'entremise de quelque idée, de rien voir de tout ce que l'on voit ? On sent bien que les choses purement possibles étant invisibles en elles-mêmes, il faut des idées pour les voir. Mais quoi donc ? Les choses existantes sont-elles également invisibles ? Ne peut-on les appercevoir, sans l'entremise de leurs idées ? Ou bien, pour en venir au fait, car il ne s'agit que d'un seul point ; est-il bien sûr que l'étendue soit inintelligible, invisible en elle-même ? Je suppose un solide en présence de notre ame : ne sçauroit-elle l'appercevoir immédiatement par lui-même ? Ne peut-elle le saisir lui-même ?

Pour qu'une ame apperçût des corps immédiatement en eux-mêmes, il faudroit, de deux choses l'une, ou que les corps agissent sur l'ame immédiatement par eux-mêmes, qu'ils se manifestassent à e'le, & la modifiassent de quelque sorte, (une ame apperçoit ce qui l'affecte, c'est le propre d'une intelligence, & elle verroit ainsi les corps;) ou bien que l'ame allât s'étendre sur la superficie de ces mêmes corps, s'y appliquât immédiatement, pénétrât leur intérieur, & s'y plongeât dans tous les sens. Car appercevoir ou voir un corps d'une vision intellectuelle, c'est y penser; & si on y pense, sans qu'il affecte la substance de l'ame, ni que l'ame le saisisse immédiatement, il est bien clair que, quand on le supposeroit détruit, la pensée ou la vision pourroit demeurer toujours la même. Or on ne le verroit point alors, on ne l'appercevroit point en lui-même : donc, pour voir des corps sans milieu, ou immédiatement en eux-mêmes, il faut ou que les corps agissent sur l'ame, &c.

Or on sçait qu'il est impossible que des corps agissent sur une ame, ou qu'ils se manifestent à elle, & qu'ils puissent s'en faire voir. Des corps sont des substances passives, absolument inefficaces, qui ne sçauroient affecter l'esprit ni lui apprendre ce qu'elles sont. Et quelle apparence que les corps soient la lumière des esprits, qu'ils éclairent les intelligences, & que l'ame se perfectionne, qu'elle acquière de belles connoissances, qu'elle trouve sa nourriture & sa vie en recourant à des substances inférieures à la sienne, à des substances qui ne sont que stupidité, si on peut s'exprimer ainsi, & que ténèbres par elles-mêmes ?

Il est pareillement impossible que l'ame aille s'étendre sur les corps. Car l'ame n'a aucune étendue ; & placée auprès de quelque corps, ou bien, appliquée à quelque corps, elle ne répondroit qu'à un seul point : donc elle n'appercevroit qu'un point ; un point inétendu, comme elle ; un point indivisible, comme elle. Mais que dis-je ? Il ne peut y avoir d'indivisible, ni de tels points : donc un esprit ne voit rien dans un corps.

Quand les corps mêmes seroient remplis d'indivisibles & de vrais points ; ce n'est pas là ce que l'on en voit. Ce sont les parties étendues & divisibles que l'on en voit. On ne peut pas concevoir le point ; ainsi ce qu'on apperçoit des corps, est justement ce que l'ame ne peut y voir. C'est donc par

Sur la Raison. 63

un milieu quelconque, ou par une idée qu'elle le voit ; donc nous ne pouvons pas voir les corps immédiatement en eux-mêmes.

Et comment veut-on que la matière soit intelligible par elle-même ? Tout ce que l'on voit par l'esprit pur, ou tout ce qu'on entend purement, est & s'appelle *une chose abstraite* ; & quand on dit, *une chose abstraite*, on désigne une chose opposée à la matière & à ce qui est corps. Ainsi l'entendement ne saisit pas les corps. Ce qu'il saisit est spirituel, intelligible, simple comme lui-même. Il n'y a que cela de son ressort. Il n'y a que cela de proportionné à la puissance qu'il a d'entendre. Il n'y a aucun rapport entr'elle & tout ce qui est corps ; & il est aussi impossible à l'esprit de saisir un corps, qu'à nos yeux *d'entendre le tonnerre*, & qu'à tous nos autres sens de *voir*.

On veut bien que l'esprit ne tombe pas sous les sens, parce que ce n'est pas un objet proportionné aux organes : mais pourquoi en demeure-t-on là ? On s'arrête à moitié chemin. Par une raison pareille on prouveroit que les sens ne tombent pas sous lui, ou que l'esprit ne tombe pas sur le corps.

Ainsi la discorde est entière entre ces deux êtres ; ils ne s'ajustent point entr'eux, & ils ne sont pas faits l'un pour l'autre.

On peut enfin prouver que la matière n'est pas intelligible, ou visible en elle-même, par un argument général qui démontre qu'aucune créature n'est intelligible en elle-même. Si les créatures étoient visibles immédiatement en elles-mêmes, elles le seroient sans doute pour Dieu. Or elles ne le sont pas : je le prouve. Dieu ne peut voir les créatures, que comme il les voyoit avant que de les faire ; & il ne les voyoit point alors immédiatement en elles-mêmes : car on ne peut pas voir ce qui n'est pas. Donc Dieu, qui ne peut pas acquérir de nouvelles manières de connoître, qui seroient manifestement de nouvelles perfections, ne peut voir aucune créature immédiatement en elle-même. Donc aucune créature n'est visible en elle-même ; donc les corps ne sont pas visibles immédiatement en eux-mêmes.

L'esprit a donc besoin d'idées, pour qu'il voie quelque chose que ce soit. Sa lumière est dans son idée, ou, sa lumière est son idée. C'est l'idée en tant qu'expressive, en tant qu'évidente & bien nette. *Voir clairement*, n'est rien autre chose qu'*avoir une idée distincte, précise & nette*. Quand une idée est bien exacte, quand elle exprime bien son objet, quand elle articule, elle est claire. L'idée de l'hexagone est claire, l'idée du triangle, &c. Voilà la lumière de l'esprit ; il voit par elle seule tout ce qu'il voit.

Donc, quand nous voyons un objet, de la vision dont je parle ; c'est par l'entremise de quelque autre qui est intimement uni à la substance même de notre ame, & qui lui représente celui qui attire son attention. Ainsi lorsque, les yeux fermés, je pense à l'étendue locale ; une étendue spirituelle, une étendue intelligible est présente aux yeux de mon ame. Et si je pense au monde entier ; j'ai un monde intellectuel, un firmament intelligible ; une lune, un soleil, des étoiles, une terre, des montagnes & des plaines, un océan, devant l'esprit ; & l'esprit se promène aussi d'objet en objet dans ce monde, de quelque manière équivalente à celle dont nous voyons les corps se promener dans celui-ci, c'est-à-dire dans le monde des corps.

Il s'agit maintenant de voir comment s'exécute la vision intellectuelle ou abstraite, par le moyen de ces idées.

Que les idées soient distinguées de notre entendement, ou non ; il est du moins indubitable qu'elles sont très-proche de lui, ou plus proche que tous les objets que nous voyons par elles ; puisque ce n'est jamais que par leur entremise & par leur médiation, que nous voyons tous ces objets. Les idées sont de vrais *milieux* entre les choses & nous. Elles nous sont présentes par elles-mêmes ; elles nous affectent, & elles nous touchent. L'idée est le premier objet, l'objet immédiat de l'ame, *l'objet représentant*. Tous les objets extérieurs sont *des objets représentés*, des objets secondaires, des objets médiats. L'idée ressemble à ces images qui sont tracées au fond de l'œil, pendant la vision sensible ; & les objets représentés, à ce que l'on regarde hors de soi, par le moyen de ces images. On ne peut voir les objets sensibles, que quand on en a les images sur la rétine, au fond de l'œil ; & quand ces images y sont peintes, peu importe que ces mêmes objets soient au-dehors ou n'y soient pas : on ne peut s'empêcher de les voir. Les idées font le même effet dans la vision dont on parle.

Si, pour un moment, la rétine étoit douée d'intelligence, & voyoit les objets; elle pourroit appeler *idées*, objets immédiats, objets représentans, ces images qui sont sur elles; & les corps sensibles, au contraire, seroient ses objets médiats, secondaires & représentés. Concevons que ce soit un fait, & que la rétine apperçoive tout ce qui l'affecte & la touche. Ici, l'impossibilité ne fait rien à la chose.

Qu'il se trouve, par exemple, un cercle représenté au fond de l'œil: soit que cette image du cercle soit distinguée de l'œil & appliquée sur la rétine; soit que ce ne soit que l'endroit même de la rétine où elle s'est faite; la rétine affectée d'un cercle devient attentive à un cercle, & s'occupe d'un cercle; c'est-à-dire qu'elle le *voit*.

Voilà une peinture très-grossière de ce qui se passe dans l'ame. L'ame apperçoit ce qui la touche : elle est, en cela, différente des corps qui ne s'apperçoivent jamais, pas même lorsqu'ils se touchent. L'ame est affectée de l'idée, & de toutes les réalités, propriétés & qualités que renferme l'idée; & aussitôt elle s'en occupe, elle y donne son attention, elle les connoît; c'est-à-dire, elle les *voit*.

Mais il faut remarquer soigneusement que l'objet dont notre ame s'occupe, où va l'attention de l'ame, ou duquel notre ame se repaît, n'est pas *l'objet représentant* qui affecte l'ame, & qui la touche. L'ame est affectée de l'idée : mais elle n'y songe seulement pas. Elle s'occupe directement de ce que représente l'idée ; & elle ne peut jamais arrêter son attention sur l'idée. Elle regarde toujours au-delà. Elle fait, à peu-près, comme un vieillard qui a ses lunettes & qui lit : cet homme ne regarde que l'écriture, le papier & les mots. Il n'apperçoit pas ses lunettes, quoiqu'elles soient plus proche de ses yeux. Je dis plus : il n'apperçoit pas l'image faite au fond de son œil. Il passe par-dessus toutes ces choses ; & sans y faire aucune attention, il se jette sur le plus éloigné des objets qu'il a devant lui.

Ceux qui s'imaginent que le cerveau

ou que la rétine agit sur l'ame, pourroient entrer dans ma pensée, en considérant leur sistême. Car si l'image formée dans l'œil modifie notre ame par elle-même; cette même image est, en ce cas, l'objet immédiat de notre ame. Mais notre ame, quoiqu'elle soit touchée immédiatement de cette image, n'y songe seulement pas. Elle va tout de suite se répandre sur les objets extérieurs; & elle ne s'occupe ni du cerveau, ni de l'optique, ni des deux yeux. C'est pourtant l'image intérieure, ou l'image faite sur la rétine, qui a réveillé l'ame : mais l'ame en s'éveillant, porte la vue au-dehors, comme le pourroit faire un aveugle qui recevroit subitement l'usage de la vue. Il verroit d'abord hors de lui; & son attention, ou sa vue, ne s'arrêteroit ni au fond, ni à la prunelle de ses yeux. L'ame est ainsi faite en ce monde : elle se repaît précisément de ce que représentent ses idées; & elle ne peut jamais s'arrêter sur la substance même de ses idées, fixer la vue sur ses idées. Elle voit toutes choses par ses idées; mais elle ne voit jamais les idées; elle ne sçauroit les considérer, les regarder en face; elle jette toujours la vue plus loin, comme au travers de ses idées; & il ne lui est pas plus libre de les envisager, de les voir, qu'il n'est libre à tout regardant de voir le fond de ses deux yeux.

Voilà ce qui rend si difficile la solution du problême proposé depuis si longtems sur la nature de nos idées. Car qu'est-ce en effet qu'une idée? Quelle est sa nature? De quoi est-elle? Il seroit aisé de le dire, si on la regardoit en face; & on le diroit bien d'abord, comme on dit ce que c'est qu'une ellypse; si l'esprit pouvoit s'arrêter sur la substance même de l'idée, comme il s'arrête sur une ellypse. L'ame est, en ce cas, comme le corps qui ne voit jamais si bien les choses, quand elles sont trop proche de lui; & qui ne les voit pas même du tout, si elles sont jusques dans ses yeux. Les idées sont trop proche de l'ame: ce sont ses organes & ses yeux; est-il si étonnant que l'on ne puisse pas les voir?

Enfin c'est une expérience, nous ne voyons pas nos idées. Elles nous affectent, & elles nous touchent; & notre ame les saisit d'abord: mais nous n'appellons pas cela *voir*. Si nous voulions prendre cela cependant pour une espèce de vue, comme en effet ç'en est bien une ; il faudroit distinguer deux manières de *voir*, ou distinguer entre *voir & voir* ; & on s'exprimeroit ainsi : Il y a deux manières de voir ; l'une consiste à appercevoir immédiatement quelque chose, à l'avoir pour premier objet, &c. ; l'autre consiste à être attentif, à donner son attention, à s'abandonner à quelque chose, à l'avoir pour second objet, ou pour objet représenté. Dans le premier sens, jamais personne n'a vu autre chose que des idées : dans le second sens, jamais personne n'a pu voir ses idées.

Depuis que nous sommes en ce monde, nous avons l'usage des idées. Nous voyons les objets par elles ; nous nous servons d'elles tous les jours ; & nous ne sçaurions jamais voir ce dont nous nous servons pour voir. Nous comptons vingt hommes, vingt chevaux, vingt maisons, vingt arbres, vingt chiens : & nous ne songeons qu'aux objets mêmes, aux maisons, aux chevaux, aux chiens &c. Nous nous occupons des choses *nombrées* ; nous oublions les choses *nombrantes*, ou les idées de ces objets par lesquelles seules nous les comptons.

Il ne faut donc pas tant s'étonner si les hommes sont si peu sçavans sur la nature de leurs idées : car il en est de cette nature comme de la nature de nos yeux, que nous ignorerions encore sans l'entremise, ou des miroirs, ou de quelque pratique équivalente. Que n'a-t-on un pareil moyen pour voir les idées à leur tour ? C'est ce qu'on desire depuis longtems, & ce que j'entreprends de découvrir dans les discussions qui vont suivre.

Il se peut donc faire que nos idées soient ou d'une nature, ou d'une autre; qu'elles soient, ou divines, ou angéliques, ou humaines, ou autre chose, sans que notre esprit s'apperçoive directement de ce qu'il en est; parce que, de quelque nature qu'elles soient, si on en a toujours également l'usage, on pensera également, on verra également toutes choses : & cette vue ne pourra jamais nous rien apprendre sur les idées; de même que la vue des objets sensibles, c'est-à-dire, l'usage de nos yeux, ne nous peut apprendre ni la couleur, ni la figure de ces mêmes yeux.

Donc, si mes idées sont dans mon ame; si ce sont, ou des modalités, ou ou des perfections de mon être; ou si je vois toutes choses en moi; il n'est pas pour cela nécessaire que je voie mon ame même. Car il n'est besoin de la voir qu'autant qu'il est besoin que l'on voie les idées.

Et si mes idées sont divines, si ce sont des perfections de la substance de Dieu même, ou si je vois toutes choses en Dieu; il ne s'ensuit pas que je voie Dieu, à moins qu'il ne s'ensuive pareillement que je voie mes idées. Ainsi c'est peut-être Dieu lui-même qui, depuis que je suis au monde, est mon objet immédiat, qui m'éclaire, qui me nourrit d'idées, & qui me fait voir ce que je vois: mais comme il ne dépend pas de moi d'arrêter la vue sur cet objet, je ne suis pas mieux de l'avoir tel que d'en avoir un autre. De même qu'on n'est pas plus heureux de voir les objets ordinaires avec de beaux yeux qu'avec d'autres.

On a donc tort de reprocher à ceux qui sont persuadés que nous voyons toutes choses en Dieu, qu'en soutenant cela, ils nous attribuent la *vision intuitive*, & qu'ils nous font *voir Dieu* dès ce monde. C'est n'entendre guères ni leur système, ni celui de leurs adversaires, & n'avoir aucune notion de la vision intuitive. Car me dire qu'il faudroit voir Dieu, pour que nous vissions tout en lui ; c'est prétendre qu'il faudroit voir les idées des choses, pour voir les choses dans leurs idées. Oui, sans doute, il faut qu'on voie Dieu, dans le sens qu'on voit ses idées ; c'est-à-dire, il faut que Dieu même soit notre objet immédiat, & que nous nous servions de lui pour voir toutes choses en lui, ou si l'on veut, par lui ; mais non pas pour le voir lui-même, puisqu'on ne se sert de ses idées que pour voir les objets par elles, & non pas pour les voir elles-mêmes ; comme on ne se sert pas de ses yeux, pour voir ces mêmes yeux en eux-mêmes.

Que dire donc du fameux passage: *Deum nemo vidit unquam* ? Ce que l'on diroit de celui-ci: *Ideas nemo vidit unquam*. St. Jean parle manifestement de la seconde manière de voir, qui consiste à être attentif, non à la chose représentante, mais à la chose représentée.

St. Jean même ne s'exprime ainsi que pour faire penser noblement de la Divinité; pour qu'on n'allât pas se figurer qu'en quelques occasions passées Dieu eût été vu face à face, c'est-à-dire, par les yeux du corps.

Mais on détruit en mille manières une si ignorante objection. Si l'Evangéliste avoit dit d'une nation de libertins: *Deum nemo amavit unquam*; *Jamais aucun d'eux n'aima Dieu*; il ne faudroit pas prétendre que cette proposition fût vraie en tous les sens. Car, puisque tous les libertins veulent invinciblement être heureux, puisqu'ils aiment le souverain bien; ils aiment Dieu, en un sens. Mais ils appliquent mal leur amour, & ils le rapportent à autre chose. Ainsi abuse-t-on des idées; & l'esprit affecté de Dieu, est attentif à toute autre chose. En un mot, il est très-possible que l'homme voie Dieu, comme il l'aime, en un sens; & qu'en un autre il ne le voie pas, comme on peut bien dire qu'il ne l'aime pas.

J'ai ajoûté que les Auteurs de cette célébre objection n'étoient point au fait du systême de ceux qui sont persuadés que nos idées sont dans nos ames. Car ils sçauroient que cette difficulté est commune à tous les systêmes; puisqu'on peut objecter à ceux qui mettent nos idées dans nos ames, qu'il faudroit aussi voir nos ames, pour que nous vissions tout en elles.

Mais si nous sommes donc affectés immédiatement de Dieu même, en quoi la vision des Saints différera-t elle de la nôtre? En ce que nous, nous ne pouvons voir Dieu que de cette seule façon de *voir*, de cette première espéce de vue; au lieu que tous les Bienheureux le voient des deux, leur attention demeurant sur la substance qui les éclaire, sur leur objet immédiat, qu'ils considèrent à loisir, sans être obligés, comme nous autres, de s'occuper jamais d'autre chose, & de jetter la vue plus loin. Ceux-là jouissent de Dieu. Pour nous, nous n'en jouissons pas; nous nous en servons seulement: *Utimur, non fruimur.*

On voit déja par ces remarques qu'il ne faut pas vouloir légèrement donner du ridicule à une opinion, surtout à une opinion qu'on n'entend pas. Si celle du P. Malebranche est fausse, ce n'est pas du moins par cet endroit-ci; & tant de prétendus beaux traits, tant de mauvaises plaisanteries n'auroient jamais eu lieu, si leurs Auteurs, comme c'est l'ordinaire, n'avoient été plus attentifs à ce qu'ils s'imaginoient découvrir en autrui, qu'à ce qui se passoit en eux-mêmes. Poussons ceci un peu plus loin.

Nos idées pourroient donc bien être les plus merveilleuses choses, sans que nous en sçussions rien; & la moindre d'entr'elles pourroit être capable de rendre nos ames infiniment heureuses, sans que nous fussions plus heureux, & sans que nous vissions plus Dieu, que si tout cela étoit faux. Il ne s'agit point ici de systême; je développe simplement ce que l'on éprouve en soi. Mais voici une difficulté qui demande qu'on y réfléchisse.

Quand nous pensons à Dieu, ou, lorsque l'idée de Dieu est notre objet immédiat; l'attention doit se terminer à la substance même de Dieu : ainsi on a précisément la vision intuitive, selon la doctrine précédente. Dans le sistême du P. Malebranche, Dieu est son idée à lui-même; Dieu lui-même est *l'objet médiat & immédiat* de celui qui y pense. Que devient donc l'attention? Sur quoi s'arrête-t'-elle? Sur Dieu même. Et où iroit-elle au-delà?

Il faut songer dabord que la difficulté est commune à tous les sistêmes qui admettent une idée de Dieu, de quelque façon que ce puisse être : mais dans le sistême du P. Malebranche, & dans tout sistême qui distingue la perception de l'idée, on explique aisément la chose.

Notre capacité de penser est une capacité finie ; & plus on en ôte, moins il en reste. Je veux dire que plus on partage, plus on distribue, plus on divise sa capacité de penser ; plus la pensée est affoiblie, & la perception est légère. On voit plus fortement son doigt, qu'une campagne toute entière, si on en veut voir également toutes les parties à la fois. Car la force de la vision, ou de la perception, s'exprime par le *quotient* de la division de la puissance d'appercevoir par la multitude des objets qu'on apperçoit, ou, que l'on voit. Ainsi, si l'esprit apperçoit une réalité infinie, une réalité qui renferme toute réalité, ou, tout être ; la force de la perception, ainsi que de l'attention (car on doit ici raisonner de la même manière pour les deux) sera infiniment petite, $\frac{1}{\infty}$ c'est-à-dire, nulle. Et c'est ce qui fait qu'on ne voit pas Dieu.

C'est cette même foiblesse infinie de la perception dont je parle, qui fait croire à beaucoup de personnes qu'on n'a pas l'idée positive de Dieu : parce que cette idée de l'Etre infini en tout sens étant moins sensible que toute autre, & les hommes ne jugeant jamais de la réalité des idées que par la force ou la foiblesse des sentimens qu'ils en reçoivent, il ne leur reste aucune preuve grossière de sa réalité ; ce qui suffit à beaucoup de monde pour n'en avoir aucune preuve. Revenons à la difficulté. En voici une autre solution plus conforme à l'expérience. La première est *à priori*, & pour ainsi dire, de droit : mais celle-ci est de fait.

Quand nous voulons penser à Dieu, nous prenons le change ; & au lieu de penser à *l'Etre*, à l'Infini, ou, à *Celui qui est*, nous tombons insensiblement sur quelque objet particulier, & nous nous occupons de lui. L'Etre, ou l'Infini en tout sens, est trop abstrait pour nous : & nous nous faisons une image, ou un phantôme particulier, pour soulager l'entendement & soutenir la vue. Cela se fait en joignant l'idée de ce personnage particulier à l'idée générale de l'Etre. Et, si on en demande la cause, c'est notre imagination, qui nuit toujours quand elle ne sert pas. Elle ne peut aider l'esprit à considérer Dieu, ne pouvant peindre ce qui n'a pas de corps; ni demeurer oisive, quand l'ame tâche de le voir. Et de là qu'arrive-t-il ? Deux choses: les esprits animaux sans guide travaillent au hasard; & l'ame, à cause de l'union, est obligée de se rabattre sur l'objet qu'ils viennent de lui peindre: alors son attention passe à ce qui est représenté, à un Prince, à un vieillard, ou autre personnage, à une figure, à un espace, &c., comme on vient de le dire. Et dèslors même, on ne doit pas plus voir Dieu, que quand on voit des corps en lui.

Il n'arrive donc que rarement que nous regardions le vrai Dieu, que nous envisagions l'Etre, que nous nous fixions sur celui qui n'est, en particulier, ni ceci, ni cela, mais simplement *qui est*. Ainsi la solution de droit servira à peu de personnes. Mais elle peut cependant servir à quelques vrais Philosophes qui tâchent de s'élever courageusement jusqu'aux idées les plus abstraites. Et je dis que tout ce qui empêche en cette occasion qu'ils ne voient Dieu, c'est l'infinité de l'objet. Car elle est cause que leur perception, ainsi que leur attention, est infiniment foible; c'est-à-dire, que sa force est nulle.

Mais, dit-on, comment nos esprits verront-ils Dieu pendant l'autre vie, puisqu'ils seront toujours finis, & l'objet toujours infini ? L'attention sera toujours infiniment petite, ou nulle, par le même raisonnement. Donc la vision intuitive, la vision béatifique sera infiniment légère, c'est-à-dire nulle : & on peut dire aux Malebranchistes, non plus qu'ils nous donnent ici-bas la vision intuitive; mais qu'ils l'ôtent aux Bienheureux, & qu'ils réduisent le bonheur céleste à un infiniment petit, c'est-à-dire, à un pur zéro.

Tout cela auroit quelque apparence, si pendant l'autre vie les esprits étoient appliqués à considérer l'Infini absolument, & selon tout ce qu'il est. Mais il n'y a que Dieu même qui se connoisse & qui se contemple de la sorte. Lui seul se voit selon tout ce qu'il est. Il faut que les Saints l'apperçoivent selon des sens particuliers, &

plûtôt sous certains rapports que sous certains autres, &c. Alors ils en pourront jouir : l'infinité n'empêchant plus que la perception ne soit forte.

On revient à la charge, & on dit : Nous donc, quand nous pensons à Dieu, selon des sens particuliers, nous devrions aussi le voir, selon cette même solution, comme on le verra dans l'autre vie : car alors son infinité n'empêche plus que la vision n'ait aussi quelque force dans notre ame.

Je dis que quand on veut penser à Dieu, sous un rapport particulier, pendant cette vie, il arrive nécessairement de deux choses l'une ; ou que l'on jette dabord la vue sur l'Etre infiniment parfait, & que se tenant attentif à cette idée, on en considére plus particulièrement quelque partie, ou quelque face ; ou qu'on se figure tout d'un coup un être particulier, chacun selon sa manière de concevoir les choses, & que s'imaginant penser à Dieu, on se trouve avoir pris le change. Dans le second cas, nous sommes les dupes de notre imagination ; ce qui ne nous arrivera pas dans l'autre vie, où ce ne seront plus les mêmes effets de l'union de l'ame

& du corps. Le premier cas est précisément celui de la solution de droit. Le second se rapporte, de lui-même, à la solution de fait.

Quand on sera dégagé du corps, outre qu'on ne se trompera plus dans ses idées particulières, on aura la facilité de les considérer, sans qu'il soit besoin qu'on s'épuise à considérer l'Infini en lui-même. Au lieu qu'aujourd'hui la seule voie de considérer Dieu sans erreur, sous un rapport particulier, est de jetter dabord la vue sur l'Etre infiniment parfait, & de la tenir toujours sur ce vaste objet : ce qui épuise la capacité de l'ame, & rend la perception insensible.

En un mot, les Saints ne se trompent pas dans leurs idées particulières, quoiqu'ils ne s'appliquent pas actuellement à considérer l'Infini en lui-même. Au lieu que nous nous trompons toujours en pareil cas, parce que nos idées deviennent des imaginations, à moins que nous ne nous appliquions sans cesse à ne point perdre de vue *Celui qui est*.

Voici donc tout l'ordre des choses. 1°. Nous ne verrions pas Dieu, quand même nous verrions toutes choses en lui; car nous ne voyons pas nos idées. 2°. Nous ne devons jamais voir *l'Etre*, à cause de son infinité qui affoiblit à l'infini la perception qu'on en a; ce qui rend notre attention nulle. 3°. Les Saints & les Anges ne le voient que selon certaines perfections & sous certains rapports, ou selon certaines faces: Il n'y a que Dieu lui-même qui se voie en tout sens. 4°. Pour nous, nous ne devons pas le voir, lors même que nous pensons à lui selon certaines perfections: car alors nous prenons le change, ce que nous ne ferons pas dans l'autre vie; ou si nous ne prenons pas le change, nous appercevons l'Infini d'une vue infiniment légère, dont la force est comme nulle.

Ainsi peuvent raisonner, sur ces derniers articles, tous les Philosophes qui distinguent la perception de l'idée. Je souhaite fort que tous les autres se tirent aussi heureusement de ces difficultés. Mais ne quittons pas notre sujet.

La vision intellectuelle ne se fait donc précisément que par l'entremise des idées. Celles-ci affectent la substance de notre ame, & la touchent immédiatement, si elles n'en sont des manières d'être. L'ame apperçoit ce qui la touche; c'est le propre d'une intelligence: & sans songer à son *idée*, à son *objet représentant*, elle s'occupe du *représenté*, & n'est attentive qu'à lui seul. Ainsi elle ne peut s'appercevoir de la nature de ses idées. Elle est dans le cas d'un écolier à qui on montreroit la sphère, & qui ne songeroit qu'à l'usage & qu'à la notion de chaque cercle, sans remarquer de quelle matière seroit la machine en elle-même. Qu'elle soit d'or, d'argent ou de cuivre: il ne la voit que comme sphère. Ainsi l'idée d'un pentagone n'est vue que comme un pentagone. Elle n'est vue, ni comme angélique, ni comme divine, ni comme humaine.

On conçoit donc bien nettement que la *vision intellectuelle* s'explique bien par les seules idées. Ces images représentatives, en tant que représentatives, sont la lumière de notre esprit. On en expliquera la nature, après qu'on aura expliqué *la vision sensible*, & développé clairement la manière dont on voit les corps.

SECTION SECONDE.

DE LA VISION SENSIBLE.

Il s'agit ici d'expliquer de quelle manière on voit les corps; ou bien ce que c'est que *voir des corps*. Il ne s'agit pas de dire comment les rayons de lumière nous forment une image de l'objet sur la rétine, au fond de l'œil; ni comment l'organe ébranlé nous porte le mouvement plus haut, jusqu'à la partie principale à laquelle notre ame est unie; ni pourquoi même cet ébranlement est suivi de la vision, qu'on sçait appartenir à l'ame. Il s'agit de cette vision considérée dans l'ame seule. Ainsi, lorsque je parlerai de la lumière & des couleurs, il ne s'agira pas de rayons, de tourbillons, ni de globules. Il s'agira formellement de la lumière & des couleurs, du blanc, du rouge, &c., dans le sens qu'ils ne sont pas sur les corps.

On est obligé d'avouer que nous ne sommes nullement certains, métaphysiquement parlant, que nous soyons parmi des corps; à cause que nous en pourrions voir absolument, quand même il n'y en auroit pas. D'où je conclus qu'il est au moins douteux que nous appercevions les corps immédiatement en eux-mêmes : car s'il étoit sûr qu'on les y vît, nous serions aussi assurés de leur existence que de la nôtre, puisqu'on ne peut point voir ce qui n'est pas. Mais non-seulement il n'est pas sûr que nous voïons ainsi les corps ; il est même démontré que que nous ne les voyons pas ; & comme cette proposition est de la dernière conséquence, je vais en rapporter ici les démonstrations les plus simples, afin que l'on comprenne dabord que cette vision sensible se fait aussi par l'entremise ou par l'interposition de quelque objet immédiat, qui a ici le même usage, ou fait le même office, que l'idée dans la vision dont j'ai déjà parlé.

Première Démonstration.

Il faut prendre garde à la manière dont s'exécute la vision sensible. Par le méchanisme des rayons, que je suppose connu, il se forme des images au fond de l'œil : en conséquence de ces images, ou des ébranlemens quelconques excités dans le cerveau même, nous voyons les objets, ou les corps. Mais y eût-il des corps devant nos yeux, si ces images ne se forment pas ; si ces ébranlemens ne se font ; point de vision sensible, & au contraire ces images formées & ces ébranlemens une fois faits, n'y eût-il aucun objet devant nous, nous en verrons d'une vision aussi parfaite & aussi claire, que si tout étoit plein de corps. C'est une loi générale de la nature, que mille expériences nous confirment tous les jours ; & on conçoit même facilement qu'on continueroit, par exemple, de voir le soleil, quand même il n'existeroit plus, si toute la matière éthérée continuoit de se mouvoir, & d'affecter toujours nos yeux, comme au milieu des plus beaux jours ; puisqu'on voit cet astre sur l'horizon, après qu'il est couché, & avant qu'il se léve. Donc, tous les corps fussent-ils détruits, quand leurs images sont faites ; on ne les en verroit pas moins. Donc nous ne les appercevons pas immédiatement en eux-mêmes. Donc il est nettement démontré qu'on ne voit pas les corps en eux-mêmes.

SECONDE DÉMONSTRATION.

Il faut prendre garde encore à la manière dont s'exécute la vision sensible. Un château qu'on a devant soi, par le méchanisme des rayons, forme une image au fond de l'œil. L'ame, en conséquence, voit un château; mais faisons attention à deux choses. 1°. L'image du fond de l'œil ne ressemble nullement au château; ne fût-ce que par cette seule raison, *qu'une superficie est incapable de représenter un solide*: mais on voit encore que ni la grandeur, ni la forme naturelle du château, ne peut être dans l'œil. Ceux qui se connoissent, le moins du monde, en perspective & en peinture, en conviendront sans peine; & on en peut faire l'expérience avec un œil fraîchement sorti de la tête d'un bœuf. Car, si ayant percé le volet d'une fenêtre, comme pour l'expérience de la chambre obscure, on adapte cet œil au trou, & si on a l'adresse de remplacer la rétine par un papier blanc; on voit comment les objets de dehors se peignent dans les yeux, & on voit que sans parler de la solidité, ni les angles, ni la position, ni la grandeur ne font les mêmes.

2°. Les objets qu'on voit en conséquence de ces mêmes images, ne leur ressemblent non plus en aucune sorte. Ces images n'ont que deux dimensions; & on en voit trois. Ces images sont à l'envers; & on voit les objets droits. Ces images sont quelquefois des ellypses, quand nous voyons des cercles. Elles sont souvent posées obliquement; leurs angles sont extrêmement aigus ou obtus; tandis que nous voyons des perpendiculaires & des angles droits. Enfin ces images sont très-petites, & nous voyons des corps infiniment plus grands; mais cependant proportionnels à ces mêmes images. Ceux dans qui ces images sont plus grandes, apperçoivent des objets plus grands : donc il y a une mesure pour chaque homme. Donc les objets qu'on voit ne sont pas les corps mêmes.

On voit par ces remarques, premièrement, que les yeux ne voient point : car ils ne le pourroient faire qu'au moyen des images qu'ils reçoivent, qui ne ressemblant point aux objets ne les peuvent montrer par elles-mêmes. Secondement, que les objets matériels ne se manifestent point à nous ; puisque les impressions qu'ils font ne leur ressemblent pas. Troisiémement, on voit enfin que ces images empreintes sur la rétine ne peuvent pas déterminer l'ame à voir les objets : *car l'ame ne peut être déterminée par une ellypse, à voir un cercle ; par une superficie, à voir un corps ; par un angle aigu, ou obtus, à voir un angle droit ; par une petite figure, à en voir une grande ; & de quelle grandeur encore la verroit-elle ? Seroit-ce quadruple, décuple, centuple ? Qui régle le rapport de grandeur d'entre les images de la rétine & les objets qu'on voit ? Ce ne peut être certainement l'ame, qui ignore ce rapport.*

Il y a donc quelque autre voie dans la nature établie pour nous éclairer, qui supplée également à l'incapacité des yeux, des objets & de l'ame ; & par cette voie très-courte, nous sommes conduits, comme nous nous conduirions nous-mêmes, si, ayant un extrême intérêt à la conservation & au bien de notre corps, nous sçavions parfaitement bien la perspective & la physique.

Troisiéme Démonstration.

Si on voyoit les corps en eux-mêmes, toutes les personnes qui regarderoient précisément le même objet, devroient toutes voir la même chose. On devroit voir la véritable figure, la véritable grandeur des corps. Le changement de distance, de position, de milieu, ne feroit point varier toutes ces choses. Or est-il que tel voit une pyramide, où tel autre homme n'apperçoit que des triangles; tel voit un autre solide, où tel autre n'apperçoit que des lignes. Le même, en différentes positions, voit différentes grandeurs, différentes figures aux mêmes corps. Le même corps, vu à travers différens milieux, est tantôt défiguré, tantôt multiplié, tantôt absolument déplacé. La réfraction de la lumière, par l'atmosphère terrestre, fait appercevoir un monde entier où il n'est pas: car, ni le soleil, ni les étoiles, ni l'horizon ne sont où on les voit. Tous les autres objets sont pareillement déplacés & changés; car cette réfraction se trouve partout. Le monde qu'on voit n'est donc nullement le monde que l'on croit voir. On ne voit donc point celui-ci en lui-même.

Quatriéme Démonstration.

De quelque côté que l'on proméne la vue, ou que l'on tourne les yeux du corps, on n'apperçoit que des *couleurs*, ou si l'on veut, *des figures colorées* : car tout ce monde-ci ne consiste, par rapport au sens de la vue, que dans une scène de couleurs, dans une simple apparence, un masque universel, une pure superficie. Or les couleurs ne sont pas sur les corps : ce sont des modalités de l'ame. Donc l'étendue qu'on apperçoit en elles, ou avec elles, n'est pas matérielle, comme elle semble l'être ; puisqu'elle est intimement unie à l'ame, & que celle-ci, comme on l'a dit, ne peut pas s'unir à des corps.

Mais fût-elle capable de s'y unir, l'ame fût-elle capable de s'étendre & de se répandre sur les corps, pour aller recueillir leurs qualités, & s'assurer de leurs figures ; je dis qu'en supposant la possibilité, il faudroit contester le fait qui n'a ni vraisemblance, ni probabilité, ni aucune apparence de bon sens. Car quelle apparence que notre ame s'élance à tout moment dans les airs, qu'elle aille s'appliquer sur les astres, & qu'elle voyage par tout le Ciel? que, tandis qu'on détourne la tête, elle parcourre tout l'horizon, & qu'une substance unique & simple soit en même tems appliquée à des lieux différens, quand on en voit plusieurs ensemble? Il faudroit néanmoins, ou que cela fût, ou que les objets matériels la vinssent trouver: ce sont, de toutes parts, des chimères. Ç'en est donc une aussi de prétendre que nous voïons les corps en eux-mêmes.

Reste donc qu'on prenne son parti, & que l'on renonce de bonne grace à l'espérance de voir les corps. Il ne s'agit plus que de s'appliquer à bien discerner le milieu dans lequel on les voit, & à concevoir nettement la manière dont on les y voit.

Nous avons distingué ailleurs, en parlant de la vision intellectuelle ou abstraite, nos *sentimens* de nos *idées*; & nous avons fait remarquer que la différence étoit grande entre ce qu'on entendoit par *voir*, & ce qu'on entendoit par *sentir*. Mais jamais cette distinction ne se trouva plus nécessaire que dans la vision sensible, où ces deux choses sont compliquées, ainsi que le portent les termes. Car, en-tant qu'elle est *vision*, il s'y agit de *voir*; en-tant qu'elle est *sensible*, il s'agit de sentir; & il importe extrêmement de ne pas confondre ces deux choses.

Ce ne seroit, pour ainsi dire, rien que d'expliquer la vision sensible, si on sçavoit bien distinguer ce qu'on *voit*, de ce que l'on *sent*. Mais c'est peut-être là ce que les hommes sçavent le moins faire. A tout moment l'on confond tout, ou l'on prend imprudemment l'un pour l'autre. On croit sentir ce qu'on voit, on croit voir ce que l'on sent; & le langage ordinaire entretient ces erreurs: car on dit toujours, *voir du blanc, voir du violet, voir du rouge, &c.*; on ne dit jamais, *sentir du blanc, sentir du rouge*, ainsi du reste. On regarde la vision sensible précisément comme vision; on ne la regarde pas comme sensible, ou comme mêlée de sentimens de toutes les espéces. On prodigue le nom de lumière à un éclat éblouissant, à une couleur, à une blancheur, &c. On regarde comme une chose visible ce qui n'est précisément que sensible, & on s'endurcit dans l'erreur par la manière même dont on parle.

Faisons donc la distinction, & déterminons nettement ce qu'il faut entendre par *voir*. Voyons, dans *la vision sensible*, ce qu'il y a de *vision*, & ce qu'il y a de *sensible*; ce qu'on *voit*, & ce que l'on *sent*. Ensuite on examinera comment ces choses sont compliquées, pour former ensemble ce total qu'on nomme *la vision sensible*.

Voir, c'est *concevoir nettement, appercevoir évidemment*, manifestement, clairement; de manière qu'on connoisse l'objet, & qu'on soit capable d'en rendre compte.

Je vois, par exemple, cette figure quarrée. Je l'apperçois évidemment. La perception claire que j'en ai me met en état d'en parler, de la *définir* nettement, de déduire ses propriétés, & de les expliquer à d'autres. Voilà ce que j'appelle, *voir*. Et je soutiens qu'il n'y eut jamais d'autre manière de voir. Non, une perception quelconque qui ne me mettroit pas en état de m'expliquer sur ce que j'appercevrois, & de me faire entendre aux autres, ne seroit pas une vision. L'essence de la vision consiste dans l'intelligence claire & nette. Quand je puis définir une chose, je puis bien

assurer

assurer que je la vois. Si je ne puis pas la définir, fût-elle aussi blanche que la neige, & le parût-elle à mes yeux ; je dois dire que je ne la vois pas.

On ne voit point les couleurs, on les *sent*. Ce sont des sentimens dont on n'a pas d'idées, parce qu'on n'a pas l'idée de l'ame. Car, pour éprouver si l'on voit, ou bien si l'on ne voit pas ; la régle est de demander compte à celui qui croit voir, de ce qu'il voit. S'il est en état d'en rendre compte d'une manière distincte, claire & nette ; on est sûr qu'il voit ce qu'il croit voir. Sinon ; il ne le voit pas. Je suis sûr, par exemple, qu'Euclides voyoit les figures dont il parle, par la manière dont il en parle. Mais, parce que ceux que j'interroge sur les couleurs & sur les sons, ne me peuvent parler nettement, ni me dire bien précisément ce que c'est qu'une couleur ou qu'un son ; je suis bien sûr qu'ils ne les voient pas.

Vous, qui prétendez voir le blanc, dites-moi ce que c'est. Faites-moi entendre quelque chose, expliquez votre pensée. Moi qui prétends voir un triangle, je vous le dépeins. Je déduis ses propriétés, & je pourrois en composer une science toute entière; & le tout, parce que je *le vois*. Vous donc, si vous voyez le blanc, le rouge, le bleu, &c. ; vous en pourriez dire autant. Cette vision vous instruiroit, & vous pourroit apprendre quelque chose. Vous y trouveriez du moins de quoi définir la couleur.

Dès que l'on verra les couleurs, aussi-tôt on verra son ame : ainsi puisqu'on dit de son ame, qu'on ne *la voit point*, mais qu'on *la sent* ; il faut dire aussi des couleurs qu'on ne les voit point, mais qu'on les sent.

Pour vous rendre encore plus sensible que vous ne voyez pas les couleurs, je vous mets auprès d'un aveugle, & je vous interroge tous deux : qu'est-ce que du blanc ? Qu'est-ce que du rouge ? En quoi l'un diffère-t-il de l'autre ? L'aveugle ne me dit rien ; & m'apporte pour raison, qu'il ne voit pas les couleurs. Mais vous n'en sçavez pas plus que lui : apportez donc la même raison. Car, si vous ne sçavez que ce qu'il sçait, vous êtes tous deux dans le même cas ; & si vous êtes dans le même cas,

Il est sûr que vous ne voyez point.

Que, par un miracle, un aveugle reçoive l'usage de la vue : que pourra-t-il dire des couleurs ? Ce qu'il en pouvoit dire étant aveugle, qu'il n'y entend, qu'il n'y voit rien. Car s'il voyoit, il connoîtroit. Interrogez-le sur la figure, les dimensions, la grandeur des maisons, des meubles, &c., il ne demeurera pas court; pourquoi ? Parce qu'il voit toutes ces choses. S'il se tait donc sur les couleurs, c'est parce qu'il ne les voit pas.

On ne voit donc point les couleurs. Mais on ne voit point non plus l'éclat de la lumière sensible. On doit dire qu'on le sent; puisque cet éclat est celui des couleurs, qui n'est qu'un sentiment de l'ame, & qu'on voit aussi peu qu'on voit l'ame.

Mais, non-seulement on ne voit point la lumière sensible, comme sensible ; ce n'est pas même une lumière. On sçait que, bien loin d'éclairer, elle éblouit le plus souvent, & ne sert qu'à troubler la vue. Une blancheur trop vive rend aveugle, bien loin de faire voir plus clair. Et certes on ne concevra jamais que la lumière doive rendre aveugle

Si celle-ci n'a pas toujours cet effet, ce n'est pas elle du moins qui nous éclaire ; ou, ce n'est point en elle, qu'on voit : car l'éclat du rouge ou du blanc ne représente rien de lui-même. Il ne détermine aucune figure. Il est indifférent pour toutes. Le même blanc, qu'actuellement je rapporte à tel corps, ou, que j'applique à telle figure, étoit applicable à toute autre. Il n'en porte aucune en lui-même : on sçauroit la figure d'un objet éloigné, dès qu'on en sçauroit la couleur. Ainsi on ne voit rien dans le blanc, &c.

Il faut donc qu'il y ait quelque autre chose qui nous détermine les figures ; &, pour ainsi parler, qui nous taille les objets. Car la couleur ne nous les taille pas plus, que le son ne nous taille ceux dont on croit qu'il part. On sçait qu'un son ne nous dit point si ce qui est sonore est rond, ou bien s'il est quarré.

Enfin, si les couleurs n'étoient inintélligibles & obscures, nous devrions les voir en plein. Il n'en est pas d'elles comme des idées, au travers desquelles on voit tout, sans pouvoir se fixer sur elles. Nous nous fixons sur les couleurs : elles sont dans le vrai point de vûe. Et si elles contenoient quelque lumière, on les verroit, ainsi qu'on voit les corps; on pourroit s'expliquer sur elles, comme sur les corps. Or on ne le peut cependant pas: donc elles ne renferment aucune lumière, & nous ne pouvons rien voir en elles. Donc leur éclat n'est qu'une obscurité; & ce qu'on appelle, *lumière sensible*, n'est pas une *lumière*, comme *sensible*. Ce n'est qu'un sentiment de l'ame où l'ame même ne sçauroit rien voir, & qu'on ne voit pas plus qu'on ne voit l'ame.

Mais, si on ne voit point les couleurs; on voit les trois dimensions, & la figure des corps. On voit leurs rapports de distances, on voit leurs rapports de grandeur. Car on rend compte de toutes ces choses. Et si on ne les voit point par la blancheur du jour, ni par aucune couleur; on a une lumière pour les voir, qu'on assignera dans le moment.

On est donc en état maintenant de faire la distinction proposée; & de déterminer au juste, dans chaque vision sensible, & ce que l'on *voit*, & ce que l'on *sent*.

Ce que l'on *voit*, c'est la figure même, les dimensions, les distances, les propriétés, la grandeur, le mouvement, & le repos des corps ; & ce que l'on *sent*, c'est la couleur, la blancheur & l'éclat du jour. Ainsi, ce qu'il y a *de vision*, c'est la perception distincte, c'est l'intelligence claire & nette, c'est la connoissance des figures, des dimensions, des distances, &c. Ce qu'il y a de *sensible*, c'est la couleur ; c'est l'éclat, & la force du jour.

Lorsque je tourne les yeux du corps vers cette table que je touche, je remarque deux choses; sa figure, & sa couleur. En ce que j'apperçois sa figure, ses dimensions, sa grandeur ; je suis en état d'en parler, & je puis bien dire que *je vois*. Mais entant qu'elle me paroît jeaune, elle me réduit à ne sçavoir que dire. En ce cas-là, je ne *vois* point ; je *sens*.

J'ouvre les yeux dans une campagne : je distingue du haut & du bas ; des figures d'arbres, de moutons, d'hommes ; des figures de toutes les espéces : en cela *je vois*. Mais un objet me paroît gris, un autre jeaune, un autre bleu, &c. en tout cela, je ne *vois point*, je *sens*.

SUR LA RAISON. 103

Il reste encore à découvrir *par quoi je vois*. Je dis que c'est par les idées, par ces mêmes idées par lesquelles se fait la vision mentale ; & je dis que la vision que j'ai des objets corporels, lorsque je tourne les yeux vers eux, est la même vision que j'en ai, lorsque j'y pense, les yeux fermés. Tout ce qui fait que ma vision est sensible en un cas, & qu'elle ne l'est pas dans l'autre ; c'est que, lorsque j'ouvre les yeux, il survient de ces sentimens qu'on appelle des couleurs, & que l'on rapporte aux objets où va l'attention de l'ame, ce qui colore ces objets ; au lieu que, quand on ferme les yeux, la vision est pure & simple.

Pour rendre encore ceci plus net, je me place au milieu d'une plaine que connois déjà. Je sçais la situation & la figure de ses parties ; j'y pense, & j'ai les yeux fermés. J'en ai la vision mentale, qui a été appellée dabord, *intellectuelle*, ou *abstraite*. L'idée de la plaine ainsi présente fait voir nettement à l'esprit tout ce que renferme la plaine. Celui ci regarde, apperçoit & connoît toutes choses. Dans le calme de la vision, j'ouvre les yeux : qu'arrive-t-il ? Toutes mes idées demeurent les mêmes. La vision mentale continue. Mais il survient des sentimens, ou des modalités à l'ame, qu'on appelle des couleurs, & que l'ame rapporte aux objets que lui représentent les idées, par la raison qu'elle y transporte son attention toute entière, & qu'elle ne l'arrête pas aux idées. Voilà les objets colorés, & la vue devenue sensible.

J'ai supposé, dans cet exemple-ci, qu'on connoissoit déjà la plaine, pour rendre l'exemple un peu plus simple; mais supposons la inconnue.

J'ouvre les yeux dans une plaine: les rayons qui, dans l'autre exemple, n'excitoient que des sentimens, parce que l'esprit avoit déjà les idées nécessaires, excitent ici & les idées & les sentimens tout ensemble. Les images faites sur la rétine occasionnent, dans le même tems, *la vision mentale*, & les diverses couleurs qui en font une *vision sensible*. Alors la complication des idées & des sentimens est déjà toute faite. Toutes ces idées, ou bien plûtôt tous les objets terminatifs, naissent avec leurs couleurs, & comme sous la livrée des objets dont ils ont à tenir la place. Cette livrée en fait des personnages, nous les fait paroître tous solides, & en un mot, leur donne du corps. Alors on dit qu'on *voit des corps*.

On conçoit donc bien qu'il suffit que notre vision idéale soit accompagnée de couleurs, pour qu'elle se transforme, tout d'un coup, en vision sensible ; & que c'est, peut-être, en cela seul que consiste tout le grand mistère de ce que l'on appelle, *voir des corps*. La possibilité conçue, je vais prouver que c'est un fait.

J'ai à prouver qu'il n'y a d'autre vision que la vision idéale : en voici la preuve la plus simple.

C'est l'ame seule qui voit : or l'ame n'apperçoit pas les corps immédiatement en eux-mêmes ; on les voit donc dans ce qui les représente immédiatement à nos ames. Donc il n'y a point d'autre vision que la vision idéale.

Les espaces & toutes les figures, les solidités, les distances que nous appercevons tous les jours, sont purement intelligibles, inétendus, spirituels ; ou bien, l'ame en les appercevant, c'est-à-dire, en s'y appliquant immédiatement par elle-même, devient étendue, figurée, divisible, mas-

E v

sive, & le reste. Or une ame ne peut devenir divisible, étendue, massive, &c. Donc.

Ce ne peut être même que par le moyen de la vision idéale, qu'on explique raisonnablement tous les phénomènes de la catoptrique ; ces corps qu'on voit derrière un miroir, où il n'y a pas de corps ; ce soleil, ces espaces célestes qu'on voit sous l'eau ; & généralement tous les objets qu'on voit où ils ne sont pas. Il est bien clair que ce soleil, ces espaces, ces figures sont précisément de la part de l'ame, puisqu'ils ne sont ni dehors, ni dans les yeux. Mais lui sont-ils simplement unis ? ou bien, sont-ce des modalités, ou des ouvrages de cette ame ? Peu importe, à-présent, lequel des trois. Ce sont des *objets représentans*, puisque *les représentés* n'y sont pas ; des objets immédiats de l'ame, puisqu'ils l'affectent ; ce sont sa lumière, puisqu'ils l'éclairent. Ce sont donc ses idées.

Les visions de la catoptrique sont donc purement idéales. Toutes ces figures que des rayons réfléchis ou rompus nous font voir, & que nous rapportons à l'extrémité de la ligne directe où elles ne sont pas, sont donc purement idéales. Or j'ai, ce me semble, assez fait voir que tous les objets sensibles, à cause des réfractions & des réflexions qui se rencontrent partout, sont dans le cas de ces figures; j'ai donc assez fait voir qu'il n'y a d'autre vision, que la vision idéale.

On sçait donc actuellement par le moyen de quoi l'on voit. Et l'on voit que ceux-là se trompent qui disent qu'en voyant un objet, ils s'en font une idée; c'est ne faire ses idées, qu'après s'en être servi.

Pour ce qui est de la manière dont les couleurs se compliquent avec les idées, ou plûtôt, dont on les rapporte aux objets mêmes de ses idées; c'est la même que celle dont la chaleur, la douleur, l'odeur, &c. se rapportent aux objets des sens. Il n'est pas de jour que l'on ne juge que la chaleur est dans le feu; & on est aussi prompt à dire que le charbon est chaud, qu'à dire qu'il est rouge. On juge aussi facilement que la douleur est étendue, ou dans les jambes ou dans les bras, qu'on juge que telle ou telle couleur enveloppe la main & les doigts. Mais cette habitude où est notre ame de rapporter ses sentimens, ou bien aux parties de son corps, ou aux objets extérieurs, qui en sont les occasions, est assez connue maintenant; & on en a assez écrit, pour qu'il ne soit nullement nécessaire que je m'y arrête en cet Ouvrage.

Qu'on se souvienne seulement que les couleurs & autres sensations n'étant pas des idées, ne représentent point d'étendue, & n'en renferment aucune. Ce n'est qu'en vertu des idées, de l'étendue intelligible avec laquelle l'ame les complique, qu'elles paroissent étendues. L'étendue qu'on leur attribue est celle des idées, que l'on juge encore faussement être l'étendue des objets mêmes. Car il seroit bien impossible qu'on appliquât des sentimens, des indivisibles, à des corps, à l'étendue matérielle, à l'étendue locale.

Si on conçoit que la couleur soit la perception de l'idée, que l'idée modifie notre ame, & que la couleur soit l'effet de l'action de l'idée en nous ; on aura un sistême tout simple pour expliquer pourquoi, dans les sensations, les idées nous paroissent plus claires, que dans la vision mentale. La perception qu'on en a, est très-violente

& très-vive. L'idée nous pénètre davantage, elle enfonce les traits; & l'attention est plus grande.

Il est aussi très-naturel que la perception se confonde & se complique avec l'idée, & qu'ainsi les couleurs paroissent avoir toute la même étendue dont elles sont les perceptions. La couleur est la manière d'être de la substance appercevante, dans le moment qu'elle apperçoit : or la manière d'être d'une substance actuellement appliquée aux diverses parties d'une idée, ou souffrante actuellement l'impression de l'idée, comme une cire reçoit le cachet; doit être quelque espéce de ressemblance avec ce qui agit sur elle. Et, quoiqu'il soit vrai que la couleur ne renferme aucune étendue, elle est si intrinséquement & si étroitement unie à l'étendue intelligible, que l'ame, qui n'est pas prévenue de leur distinction réelle, peut bien n'en faire qu'une seule pensée, & n'y pas aller à deux fois.

Je ne prouverai pas maintenant cette distinction très-réelle entre la perception & l'idée. Mais je la prouverai ailleurs, quand je chercherai la nature & l'origine de nos idées. Reprenons à-présent le tout.

Dans chaque vision sensible il faut distinguer quatre choses; *l'idée*, *l'objet terminatif*, ou bien, ce que représente l'idée; *la couleur*, & *l'objet motif*.

C'est l'idée qui affecte l'ame; & c'est par elle seule que l'ame voit. C'est à l'objet terminatif que va l'attention de l'ame; & avec son attention, elle y rapporte la couleur, ou la perception de l'idée. L'objet motif est au-dehors; & quand l'objet terminatif lui ressemble parfaitement, on peut dire aussi qu'on le voit : mais c'est bien abuser du mot. On voit l'objet terminatif; c'est-à-dire, cet objet-là emporte toute l'attention de notre ame. Mais il ne l'emporte qu'en conséquence de l'inadvertance de l'ame même, qui ne songe point à son idée. Ainsi, quand on dit qu'on le voit, on ne parle pas encore bien juste. Tout ceci sera apprécié dans le Livre suivant, & on verra qu'à la rigueur ce sont les idées seules que l'on voit; quoique, sensiblement parlant, & selon le langage commun, il soit très-vrai qu'on ne les voit pas.

SECTION TROISIÈME.
DES USAGES DES IDÉES.

Puisqu'il n'est possible de rien voir que par l'entremise *des idées*, & que toutes nos lumières consistent dans la clarté, dans l'évidence, dans la netteté des idées; il est bien sûr que ce qu'on appelle *la lumière du bon sens*, ou ou *la lumière de la Raison*, n'est que celle des idées, & qu'ainsi la *Raison* n'est que les idées mêmes, qui nous représentent & les choses & les rapports des choses entr'elles. Notre ame éclairée des idées voit, discerne, arrange, décide, raisonne, déduit, & tout le reste.

La faculté de raisonner s'appelle bien quelquefois, *la Raison*; comme la faculté de juger, & l'habitude de bien juger s'appellent quelquefois, *le Jugement*. Mais j'appelle ici, *la Raison*, ce qui nous éclaire & nous guide; ce qui est la lumière de l'ame. Ou bien, j'en distinguerai deux: L'une sera notre ame même, avec les facultés, ses habitudes & les pouvoirs; & je l'appellerai, *la Raison éclairée*. L'autre sera cette lumière générale & commune des esprits, cette régle universelle que consulte tout ce qui pense, cette voix intérieure qui nous parle & qui décide souverainement au-dedans de nous-mêmes. Je l'appelle, *la Raison éclairante*; ce qui n'annonce, en aucune manière, une faculté de l'ame, mais bien plûtôt la directrice de toute faculté, ou enfin quelque chose de commun à quoi tout esprit participe, & à quoi l'homme recourt naturellement, quand on dit qu'*il rentre en lui-même*. C'est de celle-ci seule qu'il s'agit. En un mot, je parle de cette Raison qui renferme les idées, ou qui consiste dans les idées mêmes; car je ne sçais point encore ce qu'il en est.

Mais avant que d'aller plus loin, considérons ici un moment les usages des idées. Il sera très-utile, pour la suite, d'avoir remarqué distinctement les services qu'on en tire; l'étonnante multitude d'idées qui est comme abandonnée à notre discrétion, si on peut parler de la sorte; quelques-unes de leurs merveilleuses propriétés; l'aisance & la facilité avec laquelle on s'en sert; l'importance de ce qu'elles font pour nous, ou les obligations qu'on leur a; & enfin l'extrême dépendance où nous sommes de ces mêmes idées.

Rien de plus précieux que le jour. La lumière est notre consolation, le lien de toute société, le fonds des plaisirs de la vie. Eteignez le soleil, ôtez nous la lumière; ce monde-ci n'est plus qu'un abîme, un lieu de désespoir, un lieu de ténèbres & d'horreur, où il n'y a aucun ordre.

Tous ceux qui pensent & qui méditent, ceux qui ont goûté les délices des spéculations sublimes, dans quelle triste situation ne se trouveroient-ils pas tout d'un coup, s'il falloit perdre toute connoissance, renoncer à toute lumière, & devenir semblables aux bêtes?

Qu'on s'imagine détruits & confondus tous les gouvernemens, tous les états, la Religion, tout le monde; les hommes incapables de s'entendre, ni de raisonner, ni de voir:

C'est précisément ce qui arriveroit, s'ils venoient à manquer *d'idées*; puisque ce sont les mêmes idées qui nous éclairent, les yeux fermés, & lorsque nous ouvrons les yeux; & puisqu'il n'y a qu'une seule lumière, qui est la lumière *de la Raison*.

Très-peu de gens penfent néanmoins qu'il exifte feulement *des idées*. Le commun des hommes n'en fçait rien. Plufieurs, qui en connoiffent l'exiftence, ne prennent pas ces idées pour grande chofe; & il faudroit tenir un grand compte à un homme du goût d'aujourd'hui qui voulût bien s'amufer à s'informer, par un examen férieux, de ce que pourroient être ou n'être pas ces chétives idées en elles-mêmes.

Il eft donc à-propos de faire fentir, fi nous en fommes capables, l'importance de la difcuffion où nous allons entrer; & de relever, s'il eft poffible, le peu de mérite apparent de notre fujet.

Confidérons donc, en premier lieu, le fonds inépuifable où l'on trouve fes idées. Quel nombre infini de figures auxquelles nous pouvons penfer! & quel nombre infini encore, dans chaque efpéce prife à part! Car il eft clair que le triangle peut varier à l'infini, la baze demeurant la même; & varier à l'infini, les côtés demeurant les mêmes; & varier à l'infini, les angles demeurant les mêmes: ainfi du cercle, des sections coniques, & de toutes les figures. Et où voyons-nous toutes ces choses, sinon dans une infinité d'infinités d'idées; ou, si l'on n'approuve pas ces termes, dans un nombre prodigieux de figures représentatives qui subsistent, ou devant l'esprit, ou bien dans l'esprit même, dumoins tandis que l'on y pense? Car on ne peut pas voir ce qui n'est pas.

Si je ferme les yeux du corps, je n'en promène pas moins la vue dans un monde rempli de richesses. Mon esprit, en maître absolu, se fait représenter l'univers. Il cite devant lui les royaumes, toute la terre, le ciel & les astres. Soleil, étoiles, planettes, comètes, tous passent en revue. On les examine à loisir; on les arrête, si l'on veut. On leur fait faire, devant l'esprit, telles évolutions que l'on veut, ainsi qu'à une milice céleste, comme s'exprime l'Ecriture. On découvre des espaces immenses, on voit différens objets sans nombre, on les examine, on les retourne, on les renvoie, on les rappelle. Si on veut revoir sa patrie, elle se présente, elle entretient. On voit enfin tout ce qu'on veut voir. Que ces objets soient diftingués de notre esprit, ou non; peu importe à-préfent. Ils exiftent bien certainement, dumoins tandis que l'on y penfe: car on ne peut pas voir ce qui n'eft pas. Ainfi voilà un monde entier, un univers intelligible, où il ne manque pas la moindre chofe.

Fera-t-on difficulté de convenir de la réalité de ce monde, quoiqu'il ait des propriétés, qu'on y apperçoive des objets réels, avec leurs différences? Qu'on ouvre donc les yeux du corps, & que l'on convienne dumoins de la réalité du monde qu'on voit, les yeux ouverts. On en convient facilement: hé bien, ce n'eft pourtant ici qu'un univers intelligible, un monde repréfentatif, comme on a dû le voir; c'eft celui même dont on refufe de reconnoître la réalité. Revenons encore un moment à la multitude de nos idées.

Ce n'eft pas feulement par celles dont on fe fert qu'il faut juger de la fécondité du fonds où on les trouve. Contre une idée dont nous nous fervons, il y en a une infinité dont nous ne nous fervons pas, & dont nous voyons que l'ufage nous feroit auffi libre que des autres. Nous penfons, par exemple, à un monde: mais nous penserions aussi aisément à un million de divers mondes. Et, si on veut être sincère, on avouera sans peine qu'il peut bien manquer des esprits pour considérer les idées, mais qu'il ne manquera jamais d'idées à la curiosité des esprits. C'est que le fonds qui les contient est réellement inépuisable. Et comment ne le seroit-il pas? Une seule idée quelquefois l'est bien. L'idée de l'étendue ne l'est-elle pas? Toutes celles des lignes asymptotiques, de certains espaces qu'enferment ces lignes, de certains solides provenus des révolutions de ces espaces, les idées des nombres ne le sont-elles pas? Notre esprit, non-seulement ne peut les épuiser, mais il voit clairement que nul autre ne le peut. C'est-à-dire que la Raison qui nous éclaire est d'une fécondité, d'une richesse qui surpasse toute capacité; qu'elle est présente à tous les esprits, qu'elle les inonde de son abondance, & que nous sommes entourés de merveilles, si nous sçavions en être surpris.

Les hommes font de longs voyages, ils changent de climats, ils s'exposent à de grands dangers, pour voir des choses qui les surprennent, des animaux, des précipices, de vastes mers, des objets rares: ils peuvent demeurer chez eux, & voir encore quelque chose de plus. Quoi de plus frapant que de voir une étendue prodigieuse qui n'occupe aucune place ? Des mers, des vaisseaux, des rochers, je ne vous dis pas, *portatifs*; mais d'immenses rochers sans corps, renfermant les propriétés, les dimensions, la figure de ceux contre lesquels on se brise, sans être pierres, ni marbres, sans avoir d'étendue locale, sans être en aucun lieu, tandis qu'on les voit, qu'on les trouve, & qu'ils nous suivent partout?

On fait grand cas d'une sphère, d'un globe, d'une carte géographique, astronomique, ou autre; parce qu'il est commode & surprenant que des objets si étendus que le ciel, la terre, & la mer, soient représentés en petit, & réduits à si peu de masse. Que faut-il donc dire des idées qui réduisent les plus grands objets, la masse entière du monde, & mille mondes, non pas à une très-petite masse, mais à n'en avoir même aucune; quoiqu'elles nous repréfentent les chofes, non pas comme les cartes, avec une ou deux dimenfions, mais avec ce qu'elles en doivent avoir; non pas, comme les globes, en petit, mais tout auffi grandes que l'on veut?

Quoi de plus étonnant encore que la facilité & l'incroyable viteffe avec lefquelles ces mêmes idées fe trouvent préfentes à notre efprit? On eft furpris de la viteffe avec laquelle on parle; & il eft furprenant fans doute que l'on remue la langue en tant de manières, avec tant de jufteffe, & en fi peu de tems qu'on le fait. Mais il faut que toutes les idées fe trouvent & s'arrangent bien plus vîte. Car, quand la langue commence une phrafe, il faut que l'efprit l'ait finie. En un mot, on fçait que l'on penfe beaucoup plus promptent qu'on ne parle.

Pour rendre tout ceci plus fenfible, je me place fur une hauteur, & j'ouvre les yeux en plein jour. Un clin d'œil n'eft pas long: mais, dans cet efpace de tems, des millions d'idées fe préfentent & s'arrangent devant mon efprit. Car tout d'un coup je vois la plaine, le ciel, les nuées, les troupeaux, les arbres, les ruisseaux, les rochers, toutes les figures de toutes ces choses, leurs distances, leurs grandeurs, &c. Je tourne la tête, j'en vois quatre ou cinq fois autant. Jugez avec quelle promptitude mes idées se montrent & s'enfuient. Ou, si je les fais; comprenez combien je m'amuse à faire chacune. Il me semble que je vais bien vîte, pour un homme qui ne sçait ce qu'il faut faire, ni comment il faut qu'on s'y prenne, quand on veut se faire une idée. Car j'avoue que je ne le sçais pas.

Qu'on médite donc, s'il est possible, sur cet usage des idées, ou sur cet usage de la Raison; & qu'au lieu d'aller voyager pour voir des merveilles étrangères, on rentre un moment en soi-même, pour voir toutes celles que l'on y a.

Ce n'est pas encore assez néanmoins que de considérer cet usage : il en faut connoître l'importance. Nous devons tout à la Raison, ou à ces mêmes idées. Si nous nous trouvons en état de converser avec quelqu'un; c'est que les idées ne manquent pas de lui présenter notre pensée, & de nous rapporter la sienne. Si nous pouvons apprendre

SUR LA RAISON. 121

prendre quelque chose dans la compagnie d'un sçavant ; si des disciples peuvent profiter, en se rendant auprès d'un maître ; c'est que les idées ne manquent pas d'exposer à chacun le sens de ce que dit le sçavant, ou de ce que dit le maître. Si la Raison n'étoit exacte à faire cette fonction, le maître auroit beau se tourner, & remuer l'air avec la langue : car il ne fait autre chose dans sa classe. Ce sont les idées qui instruisent. C'est la Raison qui enseigne tout, qui nous apprend toutes les sciences, & que nous devons appeller *notre véritable maître*. Les autres sont de simples *moniteurs* qui, par leur bruit, nous avertissent de regarder ce qu'ils voient. Et ils se trompent bien lourdement, s'ils croient qu'ils nous apprennent quelque chose. *De universis quæ intelligimus, non loquentem qui personat foris, sed intùs ipsi menti præsidentem consulimus veritatem, verbis fortassè, ut consulamus, admoniti.* August. de Magistro, cap. 11... *Ubiquè, veritas, præsides omnibus consulentibus te, simulque respondes omnibus etiam diversa consulentibus.* Conf. lib. 10. cap. 26. *Humanis mentibus, nullâ naturâ interposita, præsidet.* (Ve-

F

ritas.) De Musicâ, lib. 6, cap. 1. & de utilitate credendi, cap. 15.... *Istas omnes disciplinas, quas se docere profitentur (Magistri,) cùm verbis explicaverint, tùm illi, qui discipuli vocantur, utrùm vera dicta sint, apud semetipsos considerant, interiorem illam veritatem pro viribus intuentes. Tunc ergò discunt: & cùm vera dicta esse intùs invenerint, laudant, nescientes non se Doctores potiùs quàm Doctos laudare...... Falluntur autem homines ut eos, qui non sunt, Magistros vocent.* De Magistro, cap. 13. C'est la Raison qui nous dit tout. Ce sont les idées qui nous parlent, qui entretiennent tous les commerces, qui servent d'interprétes en tout lieu, de truchement universel, & qui produisent tous les plaisirs de la société. Ce sont les idées qui produisent tout le plaisir de la lecture. Je ne vois ce que me veut dire un livre, que parce que les idées présentent à mon esprit le sens de chaque mot. Je n'y puis voir aucune beauté que celle que renferment les idées. Si je me plais dans les sciences, si les mathématiques m'enchantent, si la physique me réjouit ; si je suis bien aise à-présent de sçavoir ma Religion, la divine morale de l'Evangile, ce qu'il nous faut croire & pratiquer pour jouir d'un bonheur infini ; je dois toutes ces choses aux idées, à la lumière de la Raison qui n'a pas manqué de m'instruire, & qui me retrace, quand je veux, toutes ces importantes vérités.

Nous n'avons donc rien ici bas de si précieux que nos idées, rien qu'il nous soit plus important & plus essentiel de connoître. Car enfin il est bon de voir, il est digne de nous de voir, il est même indigne de ne pas voir à qui nous sommes tous redevables immédiatement de si grandes choses; si c'est à nous-mêmes, ou à quelqu'autre, & qui pourroit être ce quelqu'autre.

Ce qui est, peut être, plus capable de nous toucher, & de nous rendre sensibles à tout ceci, c'est l'expérience que l'on a, & la dépendance où l'on est de l'efficace de ses idées. On sçait assez que les idées agissent sur l'esprit de l'homme; qu'il y en a qui lui font plaisir, & que d'autres lui font de la peine; qu'une seule idée suffit souvent, ou pour faire mourir de chagrin, ou pour mettre au comble de la joie. On sçait qu'on n'est pas toujours maître de renvoyer celles qui déplaisent; ni de retenir celles qu'on veut. En un mot, on a assez de preuves de la supériorité des idées. On voit tous les jours ce qu'ont à souffrir ceux qui ont des maux d'opinion; & on voit combien sont heureux ceux qui ont des biens d'opinion. Envain me vois-je tout chargé d'or, si certaines idées me poursuivent; & la pauvreté m'est légère, si certaines idées me consolent. Pourquoi, après certains désordres, est-on tout consterné, tout triste? N'est-ce pas que la Raison se venge, & qu'elle a assez de puissance pour abattre ses ennemis? Pourquoi tous les méditatifs, mathématiciens, philosophes, &c. trouvent-ils tant de charmes dans le vrai, & aiment-ils si fort leurs études? N'est-ce pas que la Raison les paye, & qu'elle a assez de puissance pour bien récompenser tous ceux qui veulent aussi, de leur côté, ne s'attacher qu'à elle?

Tout ceci me paroît suffire pour intéresser notre esprit dans la recherche de la nature & de l'origine de nos idées. Et il n'en faudroit pas même tant. Il n'y a rien au monde que nous dussions plûtôt souhaiter de connoître que les idées. Il est ridicule que l'on dise, ainsi qu'on le dit tous les jours : *Ceci est bien, cela est mal fait; Ceci est conforme à la Raison, & cela est contraire au bon sens*; & qu'on ne s'avise pas de chercher ce que pourroit être cette *Raison* à laquelle seule on raporte tout, & sur laquelle on régle tout; à laquelle enfin on compare tout, & de laquelle on raproche tout, pour voir s'il est bon, ou mauvais.

Un artisan connoît sa régle, & s'assure bien de sa bonté, avant que d'y rien rapporter, avant que de s'y fier : & nous, sans examiner la nôtre, & sans sçavoir jusqu'à quel point on peut compter sur elle, nous nous en servons au hasard ? Si cette régle est fautive, variable, destructible ? Si ce qui est vrai aujourd'hui, se trouvoit demain faux ? Si la vertu devenoit vice ? Où en seroient toutes nos sciences, notre morale, & notre droit ?

On obéit à la Raison, on se dit raisonnable, ou s'en picque : convient-il de ne pas sçavoir à quoi l'on obéit ? Est-on excusable d'ignorer de quoi l'on se picque, & ce que l'on est ? Et quelle autre recherche, après tout, mérite tant d'application & tant d'étude de notre part ? N'est-ce pas la dernière ingratitude que de jouir de la lumière, sans vouloir en connoître la source ? En tout autre genre on est curieux de remonter jusqu'au principe. On veut sçavoir la cause, les circonstances, la généalogie de chaque chose. Si on ne sçait pas d'où vient une marchandise, qui par les usages importans fait une des principales commodités, un des agrémens de la vie, on ne manque pas de demander d'où elle est ; on s'informe de son pays ; on veut sçavoir à quel canton on est redevable de son plaisir. Il n'y a que la Raison dont l'origine nous soit indifférente. C'est le plus grand des biens naturels ; & celui dont il semble qu'on fasse le moins de cas.

Il est déshonorant qu'en un siécle aussi raisonneur que le nôtre, on en soit encore à demander ce que c'est que *la Raison*. Il est triste que tant de sçavans, qui s'en prétendent les sectateurs rigides, tant de beaux esprits qui dédaignent toute autre lumière, tant de philosophes à la mode ;

il est, dis-je, très-fâcheux que tant de sages fassent profession de suivre ce qu'ils ne connoissent pas. Mais il n'est que trop vrai que tous ces Messieurs n'ont pas approfondi la question présente. La plûpart ne sont pas même d'avis qu'on en entreprenne l'examen. Il est, en un mot, assez notoire que cette matière n'est pas du goût du tems. Nous avons, dit-on, l'usage de la Raison ; nous raisonnons : cela suffit. Pourquoi nous embarrasser de connoître ce que c'est que la Raison ?...... C'est la même chose que si on disoit : Nous avons une définition de l'homme ; nous nous définissons : cela suffit. Pourquoi nous embarrasser de sçavoir ce que notre définition veut dire ?

Après ce petit nombre de remarques sur les usages de nos idées, ou sur l'usage de la Raison, car *la Raison* & *les idées* sont synonimes dans tout cet Ouvrage ; je vais tâcher de découvrir la nature de cette lumière ; ce que c'est que cette Raison à qui nous devons tout. C'est-à-dire que je vais tâcher d'expliquer nettement ce qu'il faut penser de la nature & de l'origine de nos idées.

Le mot d'*idée*, selon saint Augustin, est de l'invention de Platon. *Ideas Plato primus appellasse perhibetur: non tamen, si hoc nomen, antequàm ipse institueret, non erat; ideò, vel res ipsa non erant, quas ideas vocat, vel à nullo erant intellecta. Nam non est verisimile, sapientes aut nullos fuisse antè Platonem; aut istas, quas Plato ideas vocat, quæcumque res sint, non intellexisse. Si quidem in eis tanta vis constituitur, ut, nisi his intellectis, sapiens esse nemo possit............Sed rem videamus quæ maximè consideranda est, atque noscenda,* &c. August. Lib. 83 quæstionum, quæst. 46.

Saint Augustin n'est pas de l'avis de ceux qui méprisent cette question. Il en regarde l'examen comme très-important. *Rem videamus quæ maximè consideranda est, atque noscenda.* En effet, l'importance en saute aux yeux; & la répugnance de nos sçavans pour l'analyse de ce sujet ne vient pas, vraisemblablement, d'un mépris sincère de la chose.

LIVRE SECOND.

DE LA NATURE DE LA RAISON.

SECTION PREMIÉRE.

DE LA NATURE DES IDÉES.

TOUT ce qui a été dit de la manière dont les idées affectent nos ames, sans qu'il soit possible à celles-ci d'arrêter leur attention sur la substance même de celles-là ; la distinction qui a été faite des *objets représentans* & des *objets représentés* ; & la différence établie entre, appercevoir un objet immédiatement en lui-même, & y terminer seulement son attention & sa vue, c'est-à-dire, entre *voir* & *voir* : tout cela, dis-je, a bien pu suffire pour faire entrer dans ma pensée, & pour faire concevoir comment, soit que nous vissions tout en Dieu, soit que nous vissions dans nous-mêmes, il n'étoit nécessaire de voir ni Dieu ni notre ame. Mais c'est aussi là tout l'usage que je voudrois que l'on en fît. Il faut oublier désormais toutes ces comparaisons tirées de la rétine & de nos yeux : car il ne s'agit plus d'annoncer ; il s'agit d'expliquer le fait. Il ne s'agit plus de remarquer que nous ne voyons pas nos idées ; que notre attention va plus loin, & qu'on s'occupe uniquement de ce que représentent ses idées : il s'agit de sçavoir pourquoi, sans faire attention aux idées, on jette toujours la vue plus loin, & en quoi consiste ce passage de notre attention au-delà des idées. La solution de ce problême fournira une première méthode pour reconnoître parfaitement la nature même de nos idées.

Je suppose qu'avec de la cire on imite bien exactement une grape de raisin, & que sans prévenir personne on expose la grape en plein marché. *Brutus* qui ne s'y attend point du tout, qui n'a pas la moindre raison de se défier de la chose, qui en a même une toute naturelle pour s'attendre à de vrai raisin, voit formellement du raisin. Il ne songe seulement pas à la cire. Il n'est attentif qu'au raisin. La cire est cependant ce qui l'affecte.

SUR LA RAISON. 131

C'est son objet immédiat, & son objet représentant : mais lui, qui n'est pas prévenu sur l'existence d'un tel objet, & qui n'eut jamais de raison d'en soupçonner de tels au monde ; lui qui n'avoit garde de s'attendre qu'on lui présentât là de la cire, ne s'avise pas d'en voir ; & il ne s'en occupe pas. Il donne toute son attention à de véritable raisin, ou à ce que représente la cire. Il juge *raisin* ce qu'il voit. Ainsi passe notre attention de l'idée à la chose. Et en quoi consiste le passage ? Dans le jugement que l'on fait.

Mais, avant qu'on en vienne à l'application de cet exemple de la cire aux idées, il y faut distinguer trois choses ; la substance de la cire, la figure de la cire, & le raisin que l'on croit voir.

La substance est indifférente ; & fût-elle intrinsèquement de toute autre matière que de cire, l'apparence demeurant la même, la vision seroit la même.

La figure est précisément ce qui représente ; & proprement c'est ce que l'on voit : mais on ne la voit que comme raisin ; ou on ne la voit que du

F vj

côté de sa ressemblance à une grape; & on n'y voit ainsi qu'une grape, le tout à cause du préjugé, de l'inadvertance & de l'erreur.

Ainsi c'est la figure de la cire & sa substance même que l'on voit, si on prend la chose en un sens, & le raisin ne se voit pas; tandis qu'en un autre sens, c'est le raisin qu'on voit, & la cire même ne se voit pas.

La cire, ou la substance de la cire répond assez exactement à la substance ou à l'être de l'idée; qui est la substance de l'ame, ou bien la substance de Dieu même; chose indifférente pour la vue, si l'apparence demeure la même.

La figure de la cire répond aussi assez exactement à la forme de l'idée, ou bien à ce par quoi la substance de l'idée est représentative, c'est-à-dire, est *idée* : car c'est comme représentative, comme ressemblance & comme image, que cette substance est une *idée*. Ce n'est pas la substance en soi, mais sa figure, sa manière d'être, qui est en effet une *idée*.

Pour *le raisin terminatif*, il répond bien exactement à l'objet que l'école appelle de ce même nom. Tout ceci bien considéré, je reprens l'exemple tout au long, & je l'applique à nos idées.

1°. Tous les hommes se comportent à l'égard des idées, comme celui de notre hypothèse à l'égard de la cire. Nous sommes aussi peu prévenus (je l'entends d'une prévention naturelle & innée) de l'existence de nos idées, qu'il étoit prévenu de la présence de la cire. Brutus n'avoit aucune raison de s'attendre à cette cire: Nous, nous n'avons aucune raison, aucune instruction naturelle, aucun instinct, pour nous attendre à des idées. L'instinct, le premier mouvement nous transporte aux objets. Nous nous attendons aux objets. Nous ne nous attendons qu'à eux. Nous sommes faits, comme s'il n'existoit que les objets & nous. Ce qui doit paroître bien raisonnable, puisque durant cette vie mortelle, nous n'avons affaire qu'aux objets, & que le tems n'est pas venu de jouir de l'être de nos idées. Voilà la vraie cause du passage de notre attention au-delà des idées.

2°. Les idées ressemblent aux objets bien plus parfaitement encore que cette figure de cire ne ressemble à une grape. C'eſt par-là même qu'elles ſont *idées*. La perfection de l'idée conſiſte à reſſembler ſi bien, ſi parfaitement à la choſe, qu'on ſoit perſuadé qu'on apperçoit la choſe. Si en voyant l'idée d'une table, je ſuis perſuadé que j'apperçois une table; mon idée eſt parfaite, en genre d'idée. Donc il eſt bien plus naturel qu'on s'occupe des ſeuls objets, qu'il n'eſt naturel que Brutus s'occupe uniquement de ſa grape. Et on voit bien qu'en conſéquence de notre prévention naturelle, plus nos idées ſeront parfaites, plus chacun croira fermement n'appercevoir que des objets, & plus il lui ſera difficile de revenir de ſon erreur; & ſi nos idées, par haſard, étoient infiniment parfaites, nous ſerions dans une parfaite inſenſibilité, une inadvertance invincible à l'égard de ces mêmes idées. Nous en ſommes peut-être là: car ceux qui ont étudié, & que la méditation a détrompés ſur ce ſujet, croient toujours naturellement voir tous les objets en eux-mêmes; comme on voit un bâton rompu à la ſurface de l'eau, lors même qu'on ſçait bien qu'il ne l'eſt pas.

De ceci concluons trois choſes : 1°.

qu'on ne doit point s'appercevoir de la substance de ses idées : 2°. qu'on voit réellement la forme & la perfection de l'idée, que l'on méconnoît pour idée, & qu'on juge invinciblement être l'objet lui-même : 3°. que notre objet terminatif dans la rigueur ne se voit pas. Car comment voir une chose absente, & qui même n'existe peut-être point ?

Ainsi ce que les Ecoles appellent *objet terminatif*, & ce qu'elles enseignent que l'esprit voit par le moyen de son idée, est la forme même, l'exactitude, la perfection de l'idée qu'on prend pour l'objet même, & qu'on ne voit que comme telle; car un objet terminatif qu'une idée représente, & qui n'existe pas, est absolument invisible, inintelligible & le reste. C'est la seule force de la méprise, du préjugé, de la prévention, qui fait croire qu'on le voit. Donc on ne le voit, cet objet, qu'autant qu'on croit le voir, ou autant qu'on juge qu'on le voit. Donc on n'y voit aussi que ce qu'on y met, puisqu'il ne représente rien de lui-même. Et que pourroit-il représenter, puisqu'il n'existe pas ? Il n'a que ce que l'esprit lui prête ; &

sans doute on ne peut lui prêter que ce qu'on emprunte de son idée, puisque, hors d'elle, on ne peut rien voir. Donc, en voyant ce qu'on prête à son objet, on sçaura ce que contient l'idée, puisque l'idée doit renfermer tout ce que l'on voit par elle. Ainsi nous avons un moyen de reconnoître présentement quelle est la nature des idées, quoiqu'il ne nous soit pas possible d'arrêter notre attention sur ce qu'elles sont en elles-mêmes : car de ce que notre idée renferme tout ce que nous remarquons par elle, puisque les idées sont proprement les seules choses que l'on voie ; il faut que les propriétés qu'on remarque dans les objets, nous montrent, comme par réflexion, ce que renferment les idées. Par exemple, si le vrai raisin, qui occupoit tantôt Brutus, contenoit trente grains ; la cire contenoit les trente, puisque l'on suppose qu'il ne voyoit que ceux que contenoit la cire, comme cela est très-vrai des idées.

Voilà donc ce fameux miroir que l'on cherche depuis si longtems, & avec lequel on verra les propriétés des idées, comme avec une glace ordinaire on voit comment ses yeux sont faits.

Or leurs propriétés connues nous en feront connoître la nature, si on s'accoutume peu à peu aux méditations de cette espéce, à s'approcher de la Raison, & à se rendre la vue plus claire.

De ce principe si évident, que *notre objet terminatif est absolument invisible*, & qu'ainsi les propriétés (je ne parle que des propriétés positives & réelles) que l'on attribue à cet objet, sont les propriétés de l'idée qu'on méconnoît pour idéales, & que l'on rapporte à l'objet, d'où il suit manifestement que les propriétés de cet objet sont autant de marques infaillibles de celles que renferme son idée ; de ce grand principe, dis-je, il suit que l'idée renferme en effet la réalité de la chose, tout ce que l'on voit de positif & de réel dans son objet. Car ce que l'objet peut renfermer de positif & de réel, ou la réalité de l'objet étant absolument invisible, c'est celle de l'idée que l'on voit. Et on ne fait, en assurant cela, que retourner le jugement par lequel on avoit mal pris la réalité de l'idée pour celle de son objet. Ainsi, dans notre exemple de la cire, la grandeur, la figure, les trois dimensions du raisin qu'on croit voir sont réellement dans la cire, ce qui fait voir que l'idée d'une chose est nécessairement cette chose.

En effet, il n'y a pas d'autre manière, du moins rélativement à la question dont il s'agit, de représenter un objet, que d'être cet objet-là même. On ne représente une boule qu'avec un solide rond, c'est-à-dire, avec une vraie boule; il n'y a que le triangle qui ressemble au triangle. Et il est aussi impossible que l'on apperçoive un triangle dans une idée qui ne le soit pas, qu'il est impossible qu'on apperçoive cette même figure sans une idée; puisque ce qui n'est pas un triangle, ne le représente pas plus que ne le représente ce qui n'est rien, qui ne représente sans doute quoique ce soit.

Il est fort inutile de dire, avec tout le Péripatétisme, que l'idée d'un objet renferme la réalité de cet objet; *repræsentativè, concedo; entitativè, nego*: Ou bien que les propriétés, les réalités des objets sont renfermées dans leurs idées; *objectivè, concedo; entitativè, nego*. Car ces grands mots, *objecti-*

vè, repræsentativè, sont d'admirables passe-partouts; & quand on les a prononcés avec confiance & avec foi, c'en est fait. L'affaire est finie; & on passe à autre chose.

Mais ceux qui n'ont pas cette foi vive qui fait entendre les choses mêmes qui ne s'entendent point, *& qui appelle ce qui est comme ce qui n'est pas*; ceux-là ne comprennent pas ces mots. Ils ont beau les répéter : ils n'y trouvent aucun sens; ils voient même clairement qu'ils n'en ont point. Car il leur paroît évident qu'il ne peut y avoir d'autre manière d'être renfermé dans une idée, ou bien d'être présent à l'esprit, que la manière que semble désigner ce grand terme d'*entitativè*. Car l'objet & son *entité* étant la même chose, l'objet ne se peut trouver nulle part que par son *entité*, c'est-à-dire, par lui-même. Donc, si l'idée renferme la chose, c'est son *entité* qu'elle renferme; & elle est cette *entité*, ou cette chose. J'entends grossièrement tout ceci, & je l'énonce aussi de même : mais je défie qu'un esprit juste s'accommode pleinement, ni d'un autre système, ni d'un autre stile.

Voici donc trois principes certains :

1°. on peut assurer d'une idée ce que l'on apperçoit clairement, comme renfermé dans son objet; tout ce que l'on voit de positif & de réel dans son objet. Ainsi l'objet terminatif est cette espéce de miroir qu'on demandoit pour les idées.

2°. L'idée d'une chose est cette chose-même réellement, & dans un sens physique. L'idée d'un triangle est un triangle. L'idée d'une ellypse, une ellypse. C'est-à-dire que l'idée renferme réellement & proprement tout ce qu'il y a de perfection, de positif & de réel dans la chose dont elle est l'idée.

3°. Il n'y a pas d'autre façon de représenter un objet, que d'être cet objet-là même; c'est-à-dire, que de renfermer réellement & proprement tout ce qu'il a de perfection, de positif & de réel. Car, puisque nous n'appercevons que ce que renferment les idées, s'il manquoit une perfection, une réalité dans l'idée, nous ne pourrions point voir celle-là. Il faut donc que toutes les idées renferment de point en point, & comme mot pour mot, tout ce qu'on voit: Ce qui n'empêche pas que les idées, c'est-à-dire, leur substance, leur être, ne puissent être intrinséquement d'une toute autre nature que les objets. Car, de quelque nature qu'elles puissent être, leur exactitude, comme idées, jointe à l'inadvertance de l'ame & au jugement que l'on fait, entretiendra l'illusion, & fera voir tout ce que l'on voit. Témoins la cire & le raisin.

Or ces trois principes me suffisent pour déduire, avec évidence, les propriétés des idées: voici comme je raisonne.

Première Méthode.

On peut assurer d'une idée ce que l'on apperçoit clairement comme renfermé dans son objet, ou ce que l'on voit de positif & de réel dans son objet: or nos objets terminatifs sont, les uns infinis en étendue & en grandeur; les autres, infinis en tout sens; d'autres sont nécessaires, immuables, indépendans & éternels; d'autres sont incréés, ainsi du reste; & toutes ces belles propriétés sont positives & très-réelles. Donc, nous avons des idées infinies, les unes en étendue, & les autres en tout sens. Nous avons des idées nécessaires, immuables, indépendantes & éternelles. Nous avons des idées incréées, &c.

J'avois, ce me semble, établi assez solidement la majeure : je conclus ici selon les régles. Reste à démontrer la mineure; & voici comment je le fais.

Je pense à l'étendue du monde, & à tous ces espaces immenses qu'on appelle ordinairement *les espaces imaginaires* : & je conçois bien clairement que quelque mouvement que se donne une intelligence bornée pour parcourir ces grands espaces, quelque prodigieuse quantité qu'elle en mesure & qu'elle en passe; elle ne pourra pas non seulement parvenir à les épuiser, mais ce qui est encore plus remarquable, à les diminuer de la moindre partie; car je conçois bien clairement qu'après millions d'années de fatigue & de course, on est aussi peu avancé qu'on l'étoit au commencement, & qu'il est aussi impossible d'épuiser l'espace qui reste encore, que de l'épuiser joint avec tout ce qu'on a fait.

Remarquez bien que je ne dis pas que cette étendue est infinie, parce que je n'en vois pas la fin; mais parce que je vois clairement qu'en effet elle n'en a aucune. Car je vois manifeste-

SUR LA RAISON.

ment que tirant une ligne droite du centre quelconque de ce monde, hors de ce monde, on ne pourra point trouver de bornes qui empêchent, je ne dis pas de continuer cette ligne droite, mais de la concevoir continuée plus loin, en un mot, des bornes qui empêchent la possibilité du trait. N'est-il pas clair qu'il n'y en a pas?

1. Ne démontre-t-on pas, dans la géométrie, des espaces asymptotiques actuellement infinis? Nous les voyons actuellement tels: Donc ils le sont. Ne voit-on pas des solides infinis qui proviennent des révolutions de ces mêmes espaces? On ne voit point ce qui n'est pas. Ne se voit-on pas à tout moment dans les infiniment petits? Ne sçait-on pas que certains solides, quoique divisés à l'infini, n'ont aucune aliquote commune? Or ces infinis actuels, car il n'y a pas d'autres infinis que des infinis actuels, ou que des infinis qui existent; il n'y en a pas d'autres que ceux qui sont: ces infinis actuels, dis-je, sont tous positifs & réels, puisqu'ils ont des propriétés positives & réelles. Donc nos objets terminatifs sont 1°. les uns infinis en étendue & en grandeur.

On est peut-être surpris que je suppose que les infiniment petits & que les incommensurables prouvent pour l'infini dans le grand : il semble qu'ils ne prouvent que la fécondité de la substance de la matière. Quand cela seroit, nul inconvénient : une fécondité infinie est un objet infini. Mais ils prouvent aussi dans le grand : car un infiniment petit renferme l'infini, puisque c'est proprement une fraction dont le second terme est infini.

Il faut démontrer maintenant que tel autre objet terminatif est infini en toute manière, infini en tout sens.

Je pense à Dieu : je considère un être infiniment parfait ; une réalité qui renferme toute réalité, tout ce qu'il y a de perfection, de positif & de réel dans quelque objet que ce soit ; un être infini qui renferme tous les êtres, ou si vous voulez, qui est tout être. Donc alors mon objet terminatif est infini en toute manière, infini en tout sens.

Me contestera-t-on ma vision mentale ? Et me voudra-t-on objecter que je ne vois pas un infini tel que je dis que j'en vois un ?

Je répons que la meilleure règle
pour

pour reconnoître si quelqu'un voit ou s'il ne voit pas, c'est de voir s'il est en état de répondre sur son objet, ou bien s'il n'y est pas. Qu'on m'interroge donc sur le mien: & qu'on me demande s'il est sage, s'il est puissant & s'il est juste; s'il renferme les essences des choses, s'il voit tous les êtres en lui seul; & si j'entends tout ce que je dis. Je réponds sans difficulté; & j'assure que j'entends fort bien, quoique je ne comprenne pourtant pas, ce que je veux dire & ce que je dis. Mais interrogez-moi sur *Blictri*: demandez-moi s'il est sage, s'il est puissant & s'il est juste; s'il est quarré ou s'il est rond: je ne pourrai dire quoique ce soit; parce que mon entendement n'apperçoit pas *Blictri*, & que je ne sçaurois bien parler sur chose que je ne voyois pas. Ainsi donc, si je ne voyois pas l'infini positif, l'infiniment parfait, l'infini en tout sens, je ne pourrois pas plûtôt répondre sur son essence & sa nature, que sur l'essence de ce *Blictri*. De même, si je n'appercevois, selon le langage de l'Ecole, qu'un simple infini négatif; je ne pourrois parler que de lui; & je n'entendrois point qui m'interrogeroit sur l'ta-

G

fini qui est positif. Je ne verrois point la différence que l'on veut établir entre l'infini qu'on appelle *positif*, & l'infini qu'on appelle *négatif*; & par-là même je ne sçaurois pas si l'infini que je verrois seroit *négatif* en effet, ou s'il ne le seroit pas. Enfin parlez-moi de l'infini qui est positif & complet, ou de l'infini en tout sens; je vous entends, & je vous suis. Mais, si l'on me parle de *Blictri*, je n'entends rien, & je ne suis rien. D'où vient la différence ? De ce que l'infini positif éclaire mon entendement, & se présente à moi; au lieu que *Blictri* ne s'y montre point. *Je ne puis rien dire de lui, parce que je ne le vois pas; donc si je puis parler de l'autre, c'est parce que je le vois.* Donc mon objet terminatif est véritablement & positivement *infini en tout sens.*

Pour ce qui est de la manière dont un esprit *fini* peut appercevoir *l'Infini*, cela se fait en diminuant la force de la perception, mais non pas la réalité. *Ainsi une quantité absolue de mouvement demeureroit la même, quoiqu'elle devînt toujours moindre dans chaque partie d'un plus grand corps.*

Il nous faut prouver présentement

que d'autres objets terminatifs sont nécessaires, invariables, indépendans & éternels.

Les vérités géométriques, analytiques & de calcul sont nécessaires, invariables, indépendantes & éternelles; & cela, à cause que les objets que considèrent les Géomètres ont nécessairement, invariablement, indépendamment de quiconque, de toute éternité, certains rapports entr'eux. C'est-à-dire donc que ces objets sont nécessaires, invariables, indépendans & éternels: car les rapports ne sçauroient être, que les choses mêmes ne soient. Voilà donc une infinité d'objets terminatifs qui sont nécessaires, immuables, indépendans & éternels. *Quis mente tam cæcus est*, dit St. Augustin, *qui non videat istas figuras, quæ in Geometriâ docentur, habitare in ipsâ veritate ?* Solil. lib. 2.... *In ipsâ, quæ est super mentes nostras, incommutabili veritate*, dit-il ailleurs.... *Nullo modo negaveris esse incommutabilem veritatem, hæc omnia quæ incommutabiliter vera sunt continentem, quam non possis dicere tuam, vel meam, vel cujusquam hominis, sed omnibus incommutabilia vera cernentibus, tanquam mi-*

ris modis secretum & publicum lumen, præstò esse, ac se præbere communiter. De Libero Arbit., lib. 2, cap. 12.

Dans toutes les sciences rigoureuses, dans l'Analyse, dans la Géométrie, dans le Calcul, ce sont les pures essences des choses, les seules essences métaphysiques qu'on examine & que l'on voit, & on ne raisonne que sur celles-là. Or celles là, 1°. sont réelles : car elles ont des propriétés. 2°. Elles n'ont point été faites : car elles sont indestructibles. Dieu même ne sçauroit empêcher qu'une parabole ne soit possible. L'idée, ou la possibilité en est indestructible. 3°. Elles sont indépendantes de la volonté de Dieu même : car on les conçoit antérieures à cette volonté. Ce sont les modèles éternels d'après lesquels Dieu a tout fait. Or nous pensons à ces modèles que Dieu imite, & qu'il a dans lui-même : & ce sont si bien nos objets, que nous voyons distinctement telle & telle qualité qu'ils ont. Donc voilà des objets qui terminent notre vue, qui sont nécessaires, éternels, indépendans, & tout le reste.

Si quelqu'un raisonnoit ainsi : Un jour, peut-être, Dieu détruira les vérités & les principes certains qui régnent de nos jours. Il fera de nouvelles idées, qui auront d'autres rapports entr'elles; & ce qui est vrai, ne le sera plus. Cela est impossible, diroit-on: ce qui est vrai mathématiquement, sera toujours vrai; ce qui est juste pareillement, sera juste: Mais pourquoi l'assureroit-on, si on ne voyoit pas les idées indestructibles, nécessaires, éternelles, *uniques*, &c.?

Il y en a qui, pour ne pas dire qu'on voie des objets éternels, nécessaires & indépendans, nous soutiennent que l'éternité de nos principes & de nos loix a une cause différente de celle que nous disons. Ils nous disent que ces vérités sont éternelles & nécessaires, non par l'existence nécessaire de nos objets terminatifs, & encore moins de nos idées; mais, parce que nécessairement, quand les choses viennent à exister, elles ont de tels rapports entr'elles.

Mais où peut-on voir, je vous prie, qu'il soit nécessaire que les choses aient de certains rapports entr'elles, de tout tems, & pour tous les tems, si on ne voit les modèles des choses, & si tous ces modèles ne sont que de nos jours? Quelle éternité peut-on voir dans un objet de quelques années ? Quelle indépendance trouveroit-on dans ce qui dépendroit de notre propre être ? Une indépendance d'hypothèse, me dira-t-on dabord ; une éternité d'hypothèse. On voit qu'une parabole sera toujours parabole, & qu'elle aura toujours certaines propriétés, la définition posée.

Oui, mais pour poser même la définition, & pour assurer que l'hypothèse est bonne pour tous les tems ; la vue de tous les tems, ou de l'éternité, vous est tout aussi nécessaire que la vue de ce que vous dites : de même que, pour pouvoir assurer qu'une hyperbole ou telle autre courbe, ne peut toucher son asymptote, quoique prolongée à l'infini, la vue d'un espace infini est aussi nécessaire que la vue de cette courbe. On a donc, dans ce cas, un objet éternel, ou une éternité pour objet. Et pour faire même la distinction d'une éternité d'hypothèse & de l'éternité absolue qu'on rejette, il faut appercevoir celle-ci, c'est-à-dire, un Être éternel : car une propriété n'est jamais sans un Être. Ainsi vous ne gagnez rien au change.

Je sçais qu'il faut bien distinguer

une nécessité d'hypothèse, d'une nécessité absolue. Il y a des sciences toutes fondées sur des nécessités d'hypothèse. Mais il y en a aussi de fondées sur des nécessités absolues. Quand je dis: UN CUBE EST POSSIBLE; j'énonce une vérité nécessaire d'une nécessité absolue. Les régles de la catoptrique sont nécessaires d'une nécessité d'hypothèse: mais sa possibilité même est certainement nécessaire d'une nécessité absolue ; de même qu'elle est indépendante d'une indépendance absolue.

Il en est de même des objets que considérent les Géomètres. La possibilité primitive & originale de chaque chose est nécessaire, indépendante absolument & en elle-même; & ce n'est qu'en cet état de possibilité que les Géomètres considérent leurs figures, leurs lignes & leurs corps. Ils n'en veulent qu'aux archetypes mêmes, & qu'aux essences métaphysiques, dont la réalité préexiste aux définitions qu'on en donne. Sans cela il ne seroit pas possible de s'aviser de les donner. Avant qu'on taille, il faut du drap. C'est d'une parabole archetype qu'on nous démontre que

G iv

l'ordonnée est moyenne - proportionnelle entre le *paramètre* & *l'abscisse*. C'est d'une hyperbole archetype, &c. Or cette parabole archetype est d'une nécessité, d'une indépendance & d'une éternité absolue. Dieu ne peut la rendre impossible, ni la détruire. Elle est, & elle sera tant qu'il sera lui-même.

Enfin ce qu'on a devant l'esprit, quand on considère l'éternité, l'indépendance absolue, la nécessité, &c. doit renfermer toutes ces propriétés : car le moyen de les y voir sans cela. Si ce que l'on a devant l'esprit n'avoit pas ces propriétés, pourquoi par son moyen l'esprit penseroit-il à elles ? Pourquoi ne pas penser plûtôt aux propriétés opposées, si ce sont celles qu'il voit ? La possibilité des hommes, l'existence d'un seul Dieu sont des vérités nécessaires d'une nécessité absolue. Quand on pense donc à ces sortes d'objets, on a quelque chose de nécessaire, &c. devant les yeux de l'ame. Donc nos objets terminatifs sont alors nécessaires, éternels, & ainsi du reste.

Nous trouvons nos idées, dit Saint Augustin, nous ne les produisons pas.

Et voici la raison : *Alioquin æterna gigneret animus.......... Nam æterna sæpè invenit : quid enim tam æternum quam ratio circuli ?* De immortal. animæ, cap. 4... *Non sic fuerunt, ut esse desinerent ; aut sic futura sunt, quasi non sint : sed idipsum esse semper habuerunt, semper habitura sunt. Manent autem non tanquam in spatiis locorum fixa veluti corpora, sed in naturâ incorporali sic intelligibilia præstò sunt mentis aspectibus, sicut ista in locis visibilia vel contrectabilia corporis sensibus............ ad quas mentis acie pervenire paucorum est ; & cum pervenitur, fit REI NON TRANSITORIÆ transitoria cogitatio.* De Trin. Lib. 12. cap. 14.

Les idées sont donc éternelles & indépendantes, selon Saint Augustin : par-là, même il est évident que ce ne peuvent pas être des choses créées. Mais je me sers d'un autre moyen pour établir solidement que quelques objets terminatifs ne sont pas des choses créées.

Tout ce qui est créé est, en particulier, *ceci* ou *cela*. C'est un individu, quelque chose de déterminé, de limité. Donc un être général, un être universel. Ce que l'on a présent à l'esprit, quand on pense à une hyperbole, à une ellypse en général; quand on pense aux genres, aux espèces, &c., n'est point un objet créé, puisque ce n'est pas telle ellypse, telle hyperbole, tel être, &c.

Oh! dira-t-on, ces généralités ne sont que des abstractions. Une hyperbole en général n'est qu'une hyperbole particulière, la première venue; mais on a fait abstraction de ses différences numériques qui la rendoient particulière.

Fort bien, la chose est simple : mais moi qui ne puis pas concevoir comment on voit le général dans le particulier, une infinité d'hyperboles dans une hyperbole tronquée; car l'abstraction qu'on a faite a dû diminuer son être & la mutiler, bien loin de la rendre plus grande; moi, dis-je, je vais vous soutenir qu'en croyant faire abstraction, votre esprit a changé d'objet, & qu'il a saisi subitement une idée générale au lieu de l'idée particulière, où il ne trouvoit pas ce qu'il cherchoit. En effet, un objet général renferme tous les particuliers; c'est l'Infini. On y trouve tout. Mais jamais le particulier ne renferma le général, quelque abstraction que l'on fît.

Pour en juger, considérons ce qu'une abstraction pourroit faire. Elle ne sçauroit que diminuer & qu'appauvrir ce que l'on regarde. Car, faire abstraction d'une chose, c'est cesser de considérer cette chose-là même. Cela supposé, si l'on me donne un triangle particulier avec ses différences, & si je trouve que ce triangle, ainsi particulier, ne sçauroit me représenter ce qu'il y a de commun dans tous les triangles à la fois; il ne faut pas, pour cela, que je recourre à une abstraction. Car, après une abstraction, j'y verrai encore moins de choses, tandis qu'il faudroit cependant que j'en visse davantage, puisqu'il est sûr qu'il faudroit voir tous les triangles dans le même tems.

Mais, direz-vous encore, l'abstraction retranchera les différences & les particularités; & le général restera comme la base & le fond de tout.

Je réponds que dans tel triangle il n'y a pas de fond général, & que si on en retranchoit toutes les particularités, il n'en resteroit rien du tout. Tel triangle est précisément une pure particularité. Ainsi l'abstraction emporteroit le tout. On s'imagine apparemment qu'un triangle particulier, quand il perd de ses différences, montre le triangle en général, comme une étoffe qu'on a usée montre la corde : mais j'aimerois autant entendre dire qu'en plumant tel oiseau, lui coupant les ailes & les pieds, on arriveroit à la fin à un oiseau en général.

Non ; ce que l'on veut dire, réplique-t-on, c'est qu'il reste quelque chose de commun à tous les triangles du monde. On entend précisément cela, *par un triangle en général*.

Mais je ne vois point que tel triangle puisse véritablement avoir rien de commun avec tous ceux qui ne sont pas lui. Que s'il leur ressemble en quelque chose, vous ne pouvez voir qu'il leur ressemble que lorsque vous les voyez tous. Car, voir une chose ainsi commune à tous les triangles en même tems, & sçavoir qu'elle leur est commune, sont deux choses différentes ; dont la dernière ne se peut faire qu'en rapprochant tous les triangles. Donc un triangle en général renferme tous les triangles possibles, & n'est pas, comme on l'imagine, un triangle particulier que notre ab-

SUR LA RAISON. 157

straction dépouille, & que l'on considére tout nud : car, pour le dépouiller de la sorte, & pour sçavoir qu'on ne lui laisse précisément que ce qu'il a de commun avec tous les triangles, il faut voir actuellement tous les autres triangles dans le même tems. Le triangle en général renferme donc l'infini, & est un véritable *tout* par raport aux particuliers qui en sont autant de *parties*.

Il est encore très-inutile de dire qu'un triangle en général se forme de l'assemblage confus de plusieurs triangles, dans lequel l'esprit considére ce que tous les triangles ont de commun : car on ne peut voir en cet assemblage que ce qu'on y a mis. Donc, si on n'y a amassé qu'un certain nombre de triangles, on ne les y verra jamais tous. Ainsi on n'est pas en état d'assurer généralement que tous les triangles possibles ont telle propriété, ou bien qu'ils ne l'ont pas.

Enfin, pour que l'on puisse parler du triangle en général, l'idée de la généralité est aussi nécessaire que l'idée du triangle. On a donc, en ce cas, un objet général qui ne peut pas avoir été créé.

Si on vouloit pourtant sçavoir en

quoi précisément consiste un triangle, ou une hyperbole, ou une figure en général; d'où vient la généralité qu'on découvre dans ces idées; voici ce que j'aurois à dire.

Nous avons tous devant l'esprit l'être vague, l'être indéterminé, l'être sans restriction (τὸ ὄν). Cet être sans restriction est *un*, & *toutes choses* en même tems, comme la suite le fera voir. Et je dis que c'est moyennant la présence de cet être vague, que nous voyons les objets généraux, les genres, les espéces, &c.; & que ce que les Ecoles appellent, *faire abstraction des différences d'un triangle particulier*, c'est joindre à ce triangle-là même l'être en général, l'être vague, cet être qui n'est en particulier ni ceci ni cela, mais qui est toutes choses à la fois. Par le moyen de cette union de l'être qui renferme tous les triangles avec le triangle que l'on voit, on n'est pas plus déterminé à voir tel triangle que tel autre, & on les voit tous en même tems.

On a donc alors devant l'esprit *la collection* de tous les triangles: or *la collection* de tous les triangles possibles, non plus que celle de tous les êtres, ne peut être créée.

On devroit voir, me dira-t-on, non-seulement tous les triangles, mais tous les êtres en ce cas-là.

Je réponds que par le triangle que l'on appercevoit dabord, & que l'on continue de voir, on est déja déterminé à ne souhaiter de voir l'être qu'en tems qu'il renferme tous les triangles. On y entre par le quartier des triangles, pour ainsi dire, & on se tient dans le canton, si on peut s'exprimer de la sorte.

Voilà un des usages de l'être, *en tant qu'il renferme tous les êtres*; on ne voit que par son entremise les choses générales auxquelles on pense. On peut dire aussi, en passant, qu'il nous sert, *en tant qu'il est un*, pour imaginer l'unité dans la géométrie & dans les grandeurs: car il n'y a aucune unité dans les grandeurs; mais l'esprit, pour en concevoir, a recours à l'être qui est *un*, & par l'association de cette idée à la sienne, il peut prendre la chose la plus divisible pour l'unité, & la considérer comme *une*.

Conclusion de tout ceci. Une hyperbole en général, & tous les objets généraux, les genres, les espéces, &c. renferment l'infini, à cause de *l'être vague*; & cet être général que l'on voit est nécessairement incréé. Ainsi, dans ces occasions, l'objet terminatif qu'on a est un objet incréé. Donc nos objets terminatifs sont, les uns infinis en étendue & en grandeur, les autres infinis en tout sens. D'autres sont nécessaires, immuables, indépendans & éternels; d'autres sont évidemment incréés. Et toutes ces belles propriétés sont positives & très-réelles: *c'étoit ce qu'il s'agissoit de prouver.*

Il suit de-là évidemment que nos *perceptions* sont distinguées de nos *idées*, & que nos idées ne peuvent être ni modalités, ni propriétés d'aucune substance créée. Le moyen de voir l'Infini dans le fini, où il n'est pas? le général dans le particulier; le nécessaire, l'invariable, l'indépendant & l'éternel, dans le contingent, le changeant, le dépendant, le passager? De voir des principes nécessaires d'une nécessité absolue, des vérités inébranlables, dans une créature inconstante, & qui absolument peut être anéantie? Le moyen de voir des choses incréées, où il n'y a rien que de créé? La règle de toute sainteté, de toute sagesse, & le bon ordre, dans un esprit tout déréglé, tout méchanceté, tout désordre?

Au reste, quand cette étendue immense qu'on appelle *imaginaire*, & l'Etre infini en tout sens ne seroient pas des *infinis*; il suffiroit qu'ils fussent plus grands, plus étendus que notre esprit, pour qu'on les en crût distingués. Donc, de cela seul que je ne puis trouver le bout de ces espaces, ni comprendre l'être en tous les sens, je conclus qu'ils sont distingués de ma perception & de moi. De même, de ce que les vérités qu'on appelle nécessaires, soit de Mathématique, soit autres, étoient déjà des vérités avant que je pusse les voir; ne fussent-elles ni nécessaires, ni éternelles, ni incréées; je conclus raisonnablement qu'elles ne sont pas de moi, que je les ai vues & trouvées, mais non pas que je les ai faites: & quand le cercle en général ne renfermeroit pas des cercles à l'infini, il suffit qu'il en renferme plus que mon esprit n'en peut comprendre, quoiqu'il puisse bien les voir; pour que ce cercle soit distingué de moi. Desorte que rien n'est plus facile que de distinguer nos idées des modalités de notre ame, de connoître avec évidence que notre Raison n'est pas nous, & qu'elle est bien autre chose que ce que nous sommes nous-mêmes.

On pourroit le conclure encore de ce principe très-clair, que *pour représenter une chose, il faut absolument être cette chose*, en le tournant d'une autre façon. Car tous les Êtres, dans la rigueur, ne renfermant rien que ce qu'ils sont; & tous les Êtres particuliers, qui sont restreints à n'être que tels, renfermant leurs propriétés, & nullement celles des autres Êtres; il ne se peut faire qu'une créature représente autre chose que ce qu'elle est. Donc une ame ne se peut fournir, les idées qu'elle a, de son fonds. Elle ne les trouve pas en elle. Donc elle ne peut s'éclairer elle-même; elle n'est point sa Raison à elle-même.

Ainsi notre Raison n'est pas nous. Il n'y a rien de si naturel & de si plausible que cette pensée. On se dit naturellement, quand on ne s'est point enveloppé des ténébres d'Aristotes, qu'il n'y a qu'une Raison, qu'une vérité, qu'une sagesse & qu'un ordre; que tous les esprits participent à la même souveraine Raison, & ne sont raisonnables que par elle; que cette lumière leur est commune, & qu'il n'y a qu'un seul *sens commun*, qui est ce qu'on appelle *le bon sens*. Or ce qui est ainsi commun n'est à personne, quoiqu'à l'usage de tout le monde.

Ainsi il est plus naturel de croire que nos perceptions sont distinguées de nos idées, que de les confondre avec elles. *Nullo modo negaveris esse incommutabilem veritatem, hæc omnia quæ incommutabiliter vera sunt continentem, quam non possis dicere tuam, vel meam, vel cujusquam hominis, sed omnibus incommutabilia vera cernentibus, tanquàm miris modis secretum & publicum lumen, præstò esse, ac se præbere communiter. Omne autem quod communiter omnibus ratiocinantibus atque intelligentibus præstò est, ad ullius eorum propriè naturam pertinere quis dixerit?* August. de Libero Arbitrio, lib. 2. cap. 12.

Que si ce qu'on a dit ne suffit pas pour démontrer cette vérité, on peut la démontrer encore d'une manière fort aisée, en faisant voir que les idées sont nécessairement communes à toutes les intelligences. C'est-à-dire, qu'il n'y a qu'*une Raison*, qui est également pour Dieu, pour les Anges & pour nous. De-là on concluera la nature & les propriétés des idées; & ce seront encore les mêmes.

Seconde Méthode.

Comme il faut que l'idée renferme les propriétés de la chose, il est clair qu'il y a des objets irreprésentables par idées. Il n'y a pas, par exemple, d'idée de Dieu: car cette idée seroit un autre Dieu, puisqu'on ne peut représenter Dieu sans être ce qu'il est. Si la cire dont on a parlé, représentoit trente grains, c'étoit qu'elle contenoit les trente. Elle n'eût pu les représenter avec vingt-neuf: ainsi une idée qui ne contiendroit qu'une seule réalité, n'en pourroit faire voir deux. Une idée qui n'en contiendroit qu'une certaine multitude, ne montreroit jamais l'Infini en tout sens, qui renferme toute réalité, &c.

Il n'y a donc point d'idée de Dieu: mais il n'y a pas, non plus, d'idée des perfections qu'il a dans lui; car elles ne sçauroient être qu'en lui seul. Et qu'est-il besoin d'ailleurs qu'il y en ait, dès qu'il est visible par lui même? Donc il n'y a pas en nous d'idées qui nous représentent celles de Dieu. C'est en lui seul qu'on peut trouver les propriétés de ses idées. Les perfections de Dieu représentent bien les nôtres : mais les nôtres ne sçauroient de même nous représenter celles de Dieu ; parce que les perfections de Dieu renferment bien les réalites & les perfections des autres Êtres, mais les autres Êtres ne renferment point les perfections qui sont en Dieu. Dieu est bien ce que nous sommes : mais nous ne sommes pas ce qu'il est. Donc, si nous voïions ses idées, ou ses perfections quelconques, nous les verrions en elles-mêmes. Cela bien conçu, *voici ce que j'ai à dire.*

Dieu ne juge & ne peut agir que selon ses idées, selon certaines régles immuables qu'il trouve dans lui-même. Donc on ne peut voir ce qu'il doit juger, ni comment il se doit comporter en telle occasion, qu'on ne voie ses idées & sa régle. On ne peut même dire qu'il ait une régle, si on ne la voit pas. Or nous sçavons, en mille occasions, de quelle manière Dieu doit juger ; de quelle manière Dieu doit agir. Nous sçavons même de quelle manière il est nécessaire qu'il agisse. Je sçais que telle chose lui plaira; que telle autre lui déplaira : enfin je vois qu'il a une régle, qu'il ne peut s'empêcher de la suivre; que cette régle est sa sagesse même, l'ordre immuable, en un mot, ses idées. Donc je vois les idées de Dieu.

Nos vérités géométriques sont des rapports entre nos idées : nos principes de droit naturel, de probité & de morale, sont des rapports entre nos idées : & nous osons bien assurer que des principes vrais parmi nous, & selon nos idées, sont aussi vrais devant Dieu, & selon ses idées; que Dieu pense la même chose que nous, sur tel sujet & sur tel autre; que ce qui est une vertu chez nous, & selon nos idées, est aussi vertu devant lui, & selon ses idées. D'où il suit que, non-seulement nos idées sont semblables à celles qu'il a dans lui, ce qui feroit bien réellement que nous penserions comme lui; mais que nous voyons ses idées, & que la Raison, la sagesse est commune à Dieu & aux hommes; ce qui est cause que, non-seulement nous pensons comme il pense, mais que nous voyons clairement que nous pensons comme lui,

& que nos jugemens sont les mêmes.

Comment les Hurons, les Barbares & ceux qui n'ont jamais entendu parler des belles maximes de l'Evangile, peuvent-ils dire; *Cela est vrai*, quand on leur explique la Loi de Dieu; que l'Être infiniment parfait ne peut souffrir telle & telle chose? D'où sçavent-ils ce que doit & souffrir & ne pas souffrir un tel Être, s'ils ne voient pas sa régle?

Il faut donc nécessairement que nous appercevions la sagesse, la Raison & la régle de Dieu. Notre assurance dans les sciences, notre confiance dans la vertu supposent, cette vérité. Car quel courage aurions-nous pour vivre saintement selon nos propres idées, si nous n'étions pas persuadés que cet ordre, que nous respectons, est aussi la régle de Dieu même; & que la probité, devant lui, ne consiste en autre chose qu'en ce que nous enseignent la sagesse & les idées claires de ce monde? Dieu ne peut nous juger que selon ses idées & selon l'ordre qu'il a dans lui: si nous étions contraires à cet ordre, peu importeroit que notre vie fût conforme à l'ordre de ce monde. Qui pourroit donc se rassurer, si on ne voyoit l'ordre qui est en Dieu?

Qu'on ne me dise point que toutes ces choses sont révélées dans l'Ecriture: car, indépendamment de la révelation, je vois évidemment que les maximes chrétiennes sont selon Dieu; qu'un Être infiniment parfait ne peut pas juger qu'elles soient fausses. Je vois donc les idées de Dieu, la Sagesse, la Raison de Dieu. J'ai l'usage des idées de Dieu; & tous les hommes sont raisonnables immédiatement de la Raison de Dieu. Donc la Sagesse ou la Raison nous est commune avec Dieu même. Déflà, ou bien si vous voulez, par un raisonnement semblable, elle est commune aux Anges, aux hommes, & en un mot, à tout ce qui pense. *Si scio verum esse quod dicis, & tu pariter scis verum esse quod dico, ubinam videmus? Non ego utique in te neque tu certè in me: sed ambo in ipsâ, quæ est super mentes nostras, incommutabili veritate.* August.: *Illa quæ ego & tu communiter, propriâ quisque mente, conspicimus, nequaquàm dixeris ad mentis alicujus nostrûm pertinere naturam. Duorum enim oculi quòd simul vident, nec hujus nec illius oculos esse poteris dicere, sed aliquid tertium in quod utriusque conferatur aspectus.* De libero

libero arbitrio. Lib. 2. Cap. 12... *In Deo conspicimus incommutabilem formam justitiæ, secundùm quam hominem vivere judicamus.* De Trinitate, Lib. 8. Cap. 9... *Hinc est quòd etiam impii cogitant æternitatem, & multa rectè reprehendunt rectèque laudant in hominum moribus. Quibus ea tandem regulis judicant, nisi in quibus vident quemadmodùm quisque vivere debeat, etiamsi nec ipsi eodem modo vivant? Ubi eas vident? Neque enim in suâ naturâ, cum, procul dubio, mente ista videantur, eorumque mentes constet esse mutabiles, has verò regulas immutabiles videat quisquis in eis, & hoc videre potuerit; nec in habitu suæ mentis, cùm illa regula sint justa, mentes verò eorum constet esse injustas. Ubinam sunt ista regula scripta......nisi in libro lucis illius quæ veritas dicitur?* Lib. de Trinit. 14. cap. 15.

Le seul Saint Augustin fournit une multitude de preuves de cette communauté d'idées dont nous parlons. La veut-on démontrer précisément? Cela se peut en deux mots: C'est dans le triangle en général, qui est sans restriction dans son genre, qu'on voit tel triangle ou tel autre. C'est dans l'ellypse en général, qui est sans restriction dans son genre, qu'on voit telle ellypse ou telle autre. Et c'est dans l'Être en général, qui est sans restriction en tout genre; c'est dans l'Infini en tout sens, qu'on voit les êtres particuliers, c'est-à-dire, tel être ou tel autre. C'est ce que voient ceux qui sont attentifs aux opérations de leur ame, & à la manière dont on pense. Car ils éprouvent que quand ils veulent considérer un tel triangle, ils jettent dabord la vue sur tous. Là ils choisissent, & ils se fixent. De même, quand nous voulons considérer tel être, nous nous tournons dabord vers l'Être. Nous regardons tout naturellement là où sont tous les êtres. Là on choisit, & on se fixe. Je dis qu'on éprouve tout cela, quand on veut regarder ce qu'on ne voyoit pas distinctement & en particulier ci-devant; & il est bien clair que je parle de la vision de l'ame, & non pas de celle du corps.

Or, si on voit toutes choses dans l'Être, les idées sont communes à nos ames & à l'Être; & l'Être, comme chacun le peut voir, l'Être universel, c'est Dieu même. En tout cas je le démontrerai dans la Section qui va suivre.

Tout ce que nos idées nous représentent comme absolument mauvais, passe pour mauvais, & est réputé tel absolument & en lui-même : mais la conclusion ne vaut rien, si nos idées nous sont particulières ; si la Raison, qui nous représente cela, n'est pas réellement *unique*, & *commune* à tout ce qui pense.

On dit bien qu'on péche contre Dieu, lorsqu'on péche contre la Raison ; que la Raison oblige en conscience, & que c'est à elle à dominer sur les esprits. Mais nul autre que Dieu n'a ce droit : donc notre Raison sera Dieu même, ou nos idées sont celles de Dieu.

Ce que disent quelques-uns, que Dieu ordonne qu'on agisse selon ce qu'on est, est grossièrement équivoque. Cela veut dire que chaque créature doit glorifier Dieu dans son genre ; que Dieu demande autre chose de moi que de mon chien : on entend cela. Mais on n'entend pas que Dieu veuille que, laissant la nature divine, je me prenne moi-même pour régle, & que j'agisse selon moi-même, tandis qu'il juge selon ce qu'il est. D'ailleurs, on ne sçauroit supposer que la volonté de Dieu fût telle à l'égard des intelligences qui font déréglées: elle feroit donc telle précisément pour les esprits réglés. Mais comment faire ce discernement, qu'en voyant les idées & la régle de Dieu?

Delà on peut encore conclure les propriétés des idées, & on retrouvera les mêmes qu'on a déjà trouvées plus haut: mais on peut encore tirer quelque chose de cette communauté d'idées.

Les idées font communes à l'Être, à l'Être infiniment parfait, & à toutes les intelligences: donc les idées ne sçauroient être modifications d'un être créé. Donc il n'y a qu'une seule vérité, qu'une Raison unique, qui est en Dieu *. Et cette sagesse, cette souveraine Raison, que l'Être infiniment parfait ne sçauroit s'empêcher de suivre, est absolue, indépendante de toute coutume, de tout caprice & des opinions des hommes. Donc il y a un ordre absolu, une justice absolue, une morale, une vertu, un droit, une racine primitive & du bien & du mal, & une dernière raison à rendre de la force de nos Loix; puisque les rapports éternels qu'on découvre en-

* Non enim multa fed una sapientia est. St. Augustin de Civit. Dei, lib. 11, cap. 10.

tre certaines idées, dans lesquels consiste l'ordre, sont immuables, indépendans, sont la régle & la Loi de Dieu ; que Dieu les aime nécessairement, qu'il les venge de même ; qu'il veut enfin tellement cet ordre, qu'il ne peut laisser impuni celui qui le blesse, & qu'originairement nul être pensant ne peut être fait que pour le suivre.

Voilà ce que la Religion gagne à cette Philosophie des idées claires ; & voilà combien il importe de distinguer soigneusement nos perceptions de nos idées. Car, si on confondoit ces choses ; plus de science, plus de morale, plus de justice absolue. Il y auroit autant de raisons, autant de sagesses que de têtes. Chaque pays auroit un vrai, un faux, un juste, un injuste à sa mode. Ce qui seroit bon parmi les uns, seroit mauvais parmi les autres ; ou si par hasard les idées se trouvoient semblables dans tout le monde, ce seroit hasard en effet, & on ne pourroit pas le sçavoir, chacun voyant ses propres idées, & ne voyant point celles des autres. On ne penseroit à rien d'indépendant, à rien d'immuable, à rien d'éternel. On ne pourroit penser à rien de meilleur que soi-même, &c.

Je ne m'arrêterai point à pousser les absurdités de ce systême, qui confond si grossièrement nos perceptions & nos idées. Il est vrai qu'il n'y a rien de plus dangereux, ni de plus propre à renverser toutes les sciences & toute morale : mais il n'y a aussi nul principe qu'on ruine plus facilement, & de la fausseté duquel on puisse apporter tant de preuves.

Si on veut relire les remarques de la dernière Section du premier Livre, on se pourra convaincre de nouveau de cette vérité, que *nos perceptions sont distinguées de nos idées*; que la Raison humaine est une lumière divine, & que nos idées sont en Dieu.

Quel autre que Dieu peut être la vraie lumière qui éclaire, comme s'exprime Saint Jean, tout homme qui vient en ce monde ? *Lux vera quæ illuminat omnem hominem venientem in hunc mundum.* Les idées éclairent ainsi tout homme : mais cela ne peut aussi s'attribuer qu'à la seule lumière des idées. Les idées renferment la vie des esprits, la nourriture des intelligences. *In ipso vita erat ; & vita erat lux hominum.* Se peut-il faire que nous devions à l'excellence de notre propre être, le jour & la vie même ? Quoi ! chacun feroit son bonheur & son malheur à lui-même, & tireroit de son propre fonds de quoi s'éclairer, se perfectionner, de quoi se rendre heureux & parfait ? Il ne faudra que considérer ses propres modalités, pour qu'on apprenne toutes choses, pour appercevoir tous les êtres, & pour qu'on connoisse Dieu lui-même ? On ne sera redevable qu'à soi des sciences & des arts, & de toutes les beautés qu'on découvre, soit dans la méditation, soit dans les livres, soit dans le monde ?

On donnera l'être à des millions, à des infinités d'idées; & on les anéantira cinquante ou soixante fois le jour? Tous les matins, en s'éveillant, on créera ce monde que l'on voit ? On l'anéantira le soir ? Car les idées sont des réalités, qui renferment les réalités que l'on remarque par elles. Ainsi les faire & les détruire, c'est créer & anéantir. Si on veut dire que les idées étant modalités de l'ame, on ne crée & on n'anéantit rien; je dis que, puisque les idées renferment les essences des choses, ce subterfuge n'a pas lieu:

car, sans examiner s'il est possible que l'ame renferme les essences de tous les êtres; détruire des essences & les faire, c'est anéantir & créer.

La même erreur d'imagination qui nous fait estimer qu'une montagne a plus de réalité qu'un pareil volume d'air, nous fait aussi attribuer aux objets plus de réalité qu'à leurs idées. Mais, quand on y veut faire attention, on trouve plus de réalité aux idées qu'aux objets : car on leur trouve une immutabilité que les objets n'ont pas; ce qui montre une existence plus solide & plus stable, & marque, selon Saint Augustin, un être plus fondé. *Ea quæ intelligit animus, cum se avertit à corpore, non sunt profectò corporea : & tamen sunt, maximèque sunt ; nam eodem modo semper sese habent.* De immortal. animæ, cap. 10.... Et dans ses Confessions, liv. 18, chap. 12. *Sensi etiam numeros....... quos numeramus : sed illi alii sunt quibus numeramus, nec imagines istorum sunt, & ideò valdè sunt.* On créeroit donc autant, ou plus, en les produisant, que si on produisoit les objets.

Qu'on relise tout ce qui est observé, dans la conclusion du premier Livre, sur la facilité & l'incroyable vîtesse avec lesquelles toutes les idées se trouvent présentes aux yeux de l'ame; & qu'on juge s'il est concevable qu'on fasse ses idées dans tous ces cas. Qu'on juge s'il est croyable qu'on apprenne de soi-même toutes les vérités qu'on apprend, en ouvrant les yeux dans une plaine : car on apprend, en un instant, la situation, la figure, la distance & le mouvement de cinq cens mille objets. Comment les apprendre de soi-même ?

Qu'on relise ce que j'ai remarqué touchant les obligations qu'on avoit aux idées; & qu'on juge s'il est concevable qu'on ait tant d'obligations à sa propre sagesse, à soi-même. Qu'on examine s'il est possible que des modalités de notre ame, ou quelques rapports qui se rencontrent entre elles, puissent obliger en conscience, & tenir lieu de Loix ? D'où leur viendroit cette autorité ? Pourquoi auroient-ils force de Loix ? Voilà certainement un droit qui n'est pas clair.

Il n'est pas plus clair qu'une action soit bonne ou mauvaise en elle-même, parce qu'elle est ou n'est pas conforme à la Raison qui nous éclaire;

si cette Raison n'est seulement qu'une modification de notre ame.

Je m'imagine que ces détails, & toutes les méditations qu'on pourroit faire sur les idées, induisent à croire qu'elles sont en Dieu. Et je crois qu'il est impossible que l'on ajuste à d'autres systêmes plusieurs particularités qu'on remarque tous les jours dans les études, dans les entretiens, dans les réflexions que l'on fait sur la Raison, le sens commun, sur le droit naturel, sur l'ordre, sur la racine du bien & du mal, sur la force des loix, &c.

Que si nos idées sont en Dieu ; voilà la Raison éternelle, invariable, nécessaire, indépendante, & infinie. Voilà la sagesse incréée. La voilà unique, & commune généralement à tout ce qui pense. Voilà les idées efficaces, capables de contenter l'esprit, de consoler, d'épouvanter, de récompenser, de punir, &c.

Je vois bien maintenant pourquoi il faut respecter la *Raison*, se soumettre à elle, & la suivre ; pourquoi elle oblige, ainsi du reste. Mais je ne voyois pas trop pourquoi il fallût respecter mes propres modalités. Je craignois d'imiter en cela le Statuaire de

Jupiter qui redouta son propre ouvrage, & trembla misérablement devant l'image qu'il venoit de faire.

Voilà quelques réflexions qui paroissent décisives sur la nature de nos idées, après lesquelles leur origine n'est pas difficile à découvrir. Nous allons la développer dans la Section suivante, & finir de dévoiler ce mystère, en finissant ce second Livre.

AVERTISSEMENT.

Pour bien entendre ce que j'ai à dire, il faut avoir une idée distincte de l'*Hypothèse des petits Tourbillons**; non pas de ses moindres circonstances, mais de ses principes généraux, & de sa disposition générale. Il ne s'agit plus ici de nous amuser dans ce monde matériel & sensible. Nous allons passer dans un autre infiniment plus riche, plus admirable, plus digne de notre attention, & dont la connoissance est plus capable de nous procurer de vrais biens.

Le Père Mallebranche est le *Christo-*

---

* On trouve chez l'Imprimeur de cet ESSAI SUR LA RAISON, l'*Hypothèse des Petits Tourbillons, justifiée par ses Usages*, par le même Auteur, 1 vol. in-12 des mêmes format & caractère que celui-ci.

phe Colomb qui a le premier apperçu ce nouveau monde : Il y a même fait beaucoup de grandes & de merveilleuses découvertes. Mais peu d'autres, après lui, y ont voyagé ; & les chemins qui les y ont conduits, sont encore actuellement, ou impraticables, ou impratiqués, ou même absolument inconnus.

Je m'en suis frayé un tout neuf, que tout homme désormais pourra suivre. Je l'ai tracé sensiblement, je crois l'avoir rendu solide ; & j'ai cru ne pouvoir mieux m'acquitter de mon devoir de Citoyen, qu'en tâchant de faciliter une communication dont il peut revenir de si grands avantages à toute l'humanité.

Au reste, je ne me suis pas contenté de faire, & de montrer le chemin : je suis entré dans le pays ; j'en ai parcouru quelques cantons ; & même, à l'imitation de ces Israëlites qui allèrent autrefois à la découverte de la terre promise, j'en ai apporté quelques fruits, pour montrer à mes Compatriotes ; afin qu'ils puissent facilement décider par eux-mêmes du mérite & du prix de ce que je leur propose.

SECTION SECONDE.
DE L'Origine des Idées.

Tous ceux qui ont des yeux & des oreilles peuvent s'appercevoir aisément que le véhicule de la lumière est autre que celui du son; & tous ceux qui ont quelque commerce avec les ouvrages de Physique sçavent bien que ces deux véhicules sont réellement deux *milieux* dont l'un n'embarrasse pas l'autre, chacun ayant ses mouvemens & toutes ses fonctions à part, sans communication, sans mélange, sans confusion & sans trouble. Ce sont deux élémens, dans une région, aussi insociables entr'eux, aussi hétérogènes, aussi indépendans, que si c'étoient deux mondes. Quand la lumière parcourt le sien, elle le franchit d'un pas : en un instant, c'est fait. Mais le son se traîne dans le sien, & n'arrive qu'avec le tems. Un soufle détourne le son : mais la lumière brave le vent ; & tous les remuemens de l'air ne peuvent l'empêcher d'aller droit. On sçait que le son passe journellement où la lumière ne peut passer; & que, de même, la lumière passe où ne passe pas le son, &c.

Voilà donc deux différens milieux, dont les fonctions, la nature, les propriétés & qualités sont éternellement distinctes, & ne sçauroient absolument ni communiquer, ni se nuire.

Je suppose actuellement que le véhicule de la lumière soit composé de de petits tourbillons de matière éthérée, lesquels soient eux-mêmes composés d'autres tourbillons d'un second ordre, qui renferment aussi de petits tourbillons d'un ordre encore plus bas, ainsi de suite, jusqu'à ce qu'on distingue autant d'ordres de tourbillons que l'on veut distinguer de couleurs primitives.

Je suppose que les tourbillons de de ces différens *ordres* diffèrent prodigieusement, pour le volume. Les petits tourbillons d'un ordre seront en équilibre entr'eux, & ne le seront point avec ceux d'un autre ordre. Donc il y aura correspondance entre les tourbillons de même ordre, & il n'y en aura aucune entre les tourbillons de deux, ni de plusieurs ordres. Ce qui nous va faire résoudre encore le véhicule de la lumière en autant d'autres véhicules, autant de différens milieux que l'on avoit distingué d'ordres; & tous ces différens milieux ne s'embarrasseront pas plus, que ne s'embarrassent à-présent *la lumière & le son*.

Enfin on peut imaginer que chaque ordre de petits tourbillons est le véhicule d'une couleur. Le véhicule de chaque couleur occupe tout l'éther : ainsi, dans cet espace où nous vivons, chaque véhicule est en tout lieu; & si sept personnes avoient les yeux tellement disposés, ou affectés, qu'une d'elles vît seulement le rouge; une autre, le violet; une autre, le verd, &c.; chacune de ces personnes appercevroit un monde (si une seule couleur suffisoit pour la distinction des objets) aussi complet & aussi continu que les meilleurs yeux le peuvent faire. Car chaque véhicule est un monde, & sept véhicules ainsi compliqués ne composent qu'un monde. Sept milieux n'en font qu'un. Du reste, chacun des composans est aussi dégagé, aussi indépendant, & aussi continu que s'il n'y avoit que lui.

Il est à croire, ou que les fibres qui composent la totalité du nerf optique, sont elles-mêmes composées d'autres fibres correspondantes aux véhicules des différentes couleurs, comme à différens mondes, & qu'ainsi chaque sorte de vibrations nous arrive par son monde; ou que ces fibres naturellement creuses sont remplies d'un fluide dont les différens ordres de tourbillons balancent avec ceux de l'éther : ce qui donne tout-à-fait la même chose.

Mais si on peut ainsi supposer qu'à différens organes, il réponde différens milieux; à diverses fibres, différens véhicules; à diverses facultés du corps, différens mondes; ainsi du reste : pourquoi s'arrêteroit-on là, & ne feroit-on rien correspondre à l'esprit même, aux facultés de l'ame, plus importantes que nos organes & que toutes les fibres de nos sens ? Pourquoi les êtres intelligens, qui diffèrent beaucoup plus des corps que différens filets d'un nerf ne sçauroient différer entr'eux, n'auroient-ils point leur *élément*, & leur *milieu* propre, ou leur *monde* ?

On peut, si l'on veut, pour aider & fixer l'imagination, arranger tellement tous ces milieux, qu'après le plus petit ordre de matière éthérée, ou celui dont les particules ont moins d'étendue, on en conçoive un autre qui n'en ait nulle. Ce sera l'élément dont on parle. Ce n'est pas que la progression d'ordres continue entre ces derniers termes : car entre être étendu, & ne l'être pas, il ne s'agit pas du dégré ; il y a le tout à dire. Mais on peut se faire à soi-même des suppositions de méthode, qui avec de bonnes précautions ne nuisent à rien, & qui ne laissent pas d'aider l'esprit à entrer dans certaines idées.

On voit que la vie de chaque sorte d'êtres a une liaison nécessaire avec un *élément*. On les voit habiter des *milieux* correspondans à leur structure & à leurs facultés. Celui qui a des aîles, indique qu'il fend les airs ; celui qui a des nageoires, indique qu'il fend les eaux : une autre structure indique une autre habitation, qu'un rapport nécessaire fait également connoître. On a donc lieu de croire que les intelligences, qui ont un rapport nécessaire à ce qui est intelligible, habitent un *milieu* de cette espèce ; & que leurs facultés sont aussi relatives aux qualités du monde où elles ont à vivre.

Il n'y a rien d'utile, ni pour les besoins, ni pour la perfection des esprits, dans le monde des corps: mais tous les corps trouvent leurs nécessités, leurs commodités, leurs délices, dans leur monde. Il est donc à croire qu'il y a pareillement un monde pour les ames, où est la source de leurs lumières, de leurs mouvemens, de leurs sentimens, &c.; & où elles puissent enfin vivre, & se nourrir, comme il convient à tout ce qui pense.

On peut, si on l'aime mieux, imaginer, *comme par provision*, que cet élément spirituel pénètre le monde où sont les corps, pourvu qu'on le distingue de ce monde, comme on distingue l'ame & le corps; qu'on sçache qu'ils ne communiquent *pas plus, que la lumière ne se mêle dans le son*; que les esprits habitent leur monde, comme leur *élément* & leur *air*; qu'ils y reçoivent leurs mouvemens, sensations, sentimens, & lumières; que toutes leurs affections leur arrivent par ce *milieu* seul, par *ce véhicule des pensées*, pour ainsi dire; que là ils trouvent leur nourriture, des objets proportionnés à leurs facultés ou puissances; qu'ils touchent ces objets, qu'ils les voient, lorsque leurs corps manient d'autres corps, lorsqu'ils les touchent, & que l'on croit les voir ; & en un mot, que l'ame opére, & qu'elle se trouve modifiée dans son élément, dans son monde, parallèlement aux manières d'être, aux actions & passions du corps, dans le *milieu*, ou dans le *monde* des corps.

Ce seroit ce *milieu des ames* que l'on chargeroit désormais des qualités, des facultés, & de certaines merveilles qui embarrassent les Philosophes dans le monde des corps. Ils ne peuvent s'imaginer en quelle manière la *force mouvante* est dans les corps : en aucune manière. Elle réside dans *l'élément* des ames. C'est là que se trouvent l'activité, l'efficace, & la force. C'est là qu'est tout principe de vie, tout principe de mouvement, & en quelque manière, l'ame du monde. On ne peut s'imaginer en quelle manière l'ame est logée dans le corps : en aucune manière. Elle habite *l'élément*, *le milieu* des ames ; & à l'occasion des modalités & des mouvemens de nos corps, nos ames se trouvent modifiées par certaines parties de leur monde qui répondent à ces corps,

& aux diverses parties du monde où sont les corps.

On est embarrassé d'une image qu'on remarque derrière un miroir, où l'on sçait qu'elle n'est pas ; & en un mot, de tous les objets qu'on voit, d'une vision sensible, où l'on sçait qu'ils ne sont pas : où sont-ils ces objets magiques, si on peut s'exprimer ainsi, que la catoptrique nous fait voir ? Où sont ces figures & ces distances qu'on s'imagine dans l'air, & qu'on sçait n'y être pas ? Elles sont dans le *milieu* des esprits. Ce sont des figures, des distances, & des objets *intelligibles*. » C'est
» que, comme chaque *milieu* du monde
» matériel peut faire ses fonctions par-
» ticulières, & devenir sensible en par-
» ticulier, & pour ainsi dire, en privé
» nom ; de même le *milieu* des esprits
» peut se manifester seul à l'ame, &
» l'affecter de diverses manières, en
» tems & lieu. Quand quelque partie de
» ce *milieu* nous affecte avec violence,
» nous avons une *vision sensible*. Lorsque
» cette partie, ou une autre, ne fait
» que se laisse appercevoir, & ne nous
» touche que légèrement, sans enfon-
» cer les traits ; nous n'avons qu'une
» simple intellection, une simple *vi-*
» *sion mentale*, &c.

On voit même que le milieu des esprits est infiniment plus exercé que tous les autres : car tous les divers exercices des milieux corporels sont autant d'occasions au monde spirituel, de nous toucher ; & sans aucune de ces occasions, il le fait encore, plus ou moins. De sorte qu'il est véritablement dans une action continuelle, toujours occupé à représenter, ou pour lui-même, ou pour les autres.

Ceux qui n'entendent pas encore tout ce méchanisme, peuvent s'en tenir à l'exemple familier du véhicule de la lumière & de celui du son. Ils n'auront pas de peine, en voyant ces milieux s'exercer si fréquemment l'un sans l'autre, à se figurer que celui des esprits a pareillement sa liberté, & son exercice propre ; c'est-à-dire que, comme il est possible d'entendre une cloche, sans la voir, & de la voir sensiblement, sans l'entendre, ou bien, de faire les deux ensemble ; on peut précisément y penser, sans faire ni l'un ni l'autre.

Il est même clair que, soit qu'on l'entende, soit qu'on la voie sensiblement, on y pense toujours ; & qu'ainsi le milieu des esprits agit sur nous continuellement, faisant incessamment, comme on vient de le dire, ou pour lui-même, ou pour les autres.

Je ne vois donc pas qu'il y ait désormais grand inconvénient à annoncer ce système : que *c'est dans le milieu, l'élément des esprits, dans l'élément de toute pensée, que nous voyons toutes choses.* Je crois plûtôt qu'il faut regarder cet *élément* & ce *monde* des ames comme le dénouement général, & la solution de tous les embarras auxquels l'Ecole étoit réduite au sujet des ames & des corps. Car il ne faudra plus demander, ni comment l'ame est dans le corps, ni en quelle partie elle y est, ni comment celui-ci l'affecte, ni d'où vient la force des corps, ni en quoi consiste l'union des ames avec les corps, ni comment des esprits peuvent ressentir, ou des plaisirs, ou des douleurs, de la part des corps. Il ne faudra plus s'efforcer de concevoir comment l'esprit fabrique ses idées ; belle défaite, s'il en fut jamais. Il ne faudra plus s'imaginer les intelligences en voyage, & transportées, comme des ballots, d'une Ville en une autre, dans leurs corps.

Quand les corps à-préfent changeront de place, les ames changeront d'idées; & dans cette fucceffion feule, confiftera toute la démarche & la route que feront ces ames.

On fent qu'il y a plus de décence dans cette maniére de penfer ; que l'on traite, dans ce fyftême-ci, les perfonnes felon leur rang ; qu'on a égard à la nature & à la condition de chaque être; & qu'on met chaque chofe à fa place. Je vais prouver préfentement qu'un arrangement fi naturel n'eft pas précifément plaufible, mais abfolument néceffaire, & qu'il n'y a aucune autre façon d'éclaircir ce fujet, & de fe bien entendre foi-même.

Ceci nous conduira, par un nouveau chemin, à la divinité de la Raifon; & nous aurons un avantage, dans cette troifième méthode, qu'elle expliquera l'origine, en prouvant la nature de nos idées; & que, pour peu qu'on veuille s'appliquer & fe rendre attentif, elle ne laiffera aucun nuage, ni fur la maniére, ni fur la chofe.

TROISIÉME MÉTHODE.

Avec ce qu'on a dit & prouvé dans

la première Section du premier Livre, de la manière dont un esprit pouvoit appercevoir les corps, & de l'impossibilité d'unir sa substance à la leur, il est très-facile d'établir qu'un être intelligent habite nécessairement un autre monde que celui des corps, & qu'ainsi l'ame n'est pas dans le corps. Car il est sûr que si notre ame a un objet immédiat tout différent du corps, ou plus proche d'elle que n'est le corps; si elle a un monde immédiat plus proche de sa substance que n'est le monde des corps; si elle a un monde qui l'affecte, qui la modifie, & qui la touche, tandis qu'elle n'est ni affectée, ni touchée de ce monde des corps; *l'ame est dans ce monde immédiat, & non pas dans le monde des corps.* Elle est dans le corps immédiat qui la pénétre, & qui l'éclaire; & non pas dans ce corps ténébreux & purement passif qu'elle ne sent point, & qu'elle ne peut pas voir. D'où il suit manifestement que c'est *la Raison* même, cette Raison distinguée de nous, cette lumière infinie, universelle, immuable, éternelle, qui est également en tous lieux, puisqu'elle est divine, & Dieu même; il est, dis-je, évident que

que c'est *la Raison* qui est *l'élément* des esprits, le *milieu* des intelligences, le *monde* qu'habitent les ames; & l'air, pour ainsi dire, que respire tout ce qui pense.

Mais pour rendre ceci plus palpable, rappellons ici ce que nous croyons avoir exactement démontré de *la vision sensible*, sçavoir que c'est précisément *la vision mentale* accompagnée de sentimens qu'on appelle des couleurs, qui sont des perceptions de l'ame; que celle-ci, par inadvertance, complique avec les idées, ensorte que *les idées colorées sont en effet tout ce que l'on voit*. Cela posé, si pendant que je regarde les dimensions de cette chambre, avec tout ce qui y est, il plaisoit à Dieu d'anéantir cet appartement matériel, & les corps que j'y vois, en conservant à l'ordinaire mon ame & mes idées; ma vision sensible, sans difficulté, demeureroit toujours la même : mais mon corps, ni rien de corporel n'existant plus, où serois-je? Je ne serois pas, manifestement, dans le monde des corps. Je serois dans un corps, dans un appartement, dans un monde intelligible, le seul monde qui m'ait jamais affecté, le seul que j'aie jamais apperçu, le seul qui m'ait

I

jamais été immédiatement uni, par conséquent le seul où j'aie jamais été.

Eclaircissons encore cette matière, si cela se peut; & pour achever de contenter quelques personnes que nous faisons profession d'honorer, & qui, malgré l'évidence de nos raisonnemens, ont du scrupule sur ces principes, tâchons de démêler quelques équivoques qui offusquent encore tout ce sujet.

On ne peut que respecter le motif de ces personnes dont nous parlons. Il ne se peut rien de plus louable que de se piquer de délicatesse, en fait de Religion. Mais il est juste aussi d'écouter la Raison, & de se rassurer lorsque l'évidence parle. On va voir ici, en deux mots, qu'on s'inquiéte gratuitement, que tout est parfaitement en sûreté; & que c'est faute de méditer, d'examiner & d'approfondir les choses, qu'on se fait des épouventails, & qu'on se laisse ensuite conduire à une mauvaise humeur, qui sera toujours mal venue à se vouloir donner pour une vertu.

On peut concevoir, en quatre manières, qu'une intelligence soit dans un corps; à raison *d'attention*, à raison de *dépendance*, à raison d'*harmonie*, à raison d'*existence*.

L'esprit est dans un corps, à raison d'*attention*, quand il ne pense qu'à ce corps ; comme un Avocat est dans une affaire, quand il ne pense qu'à elle.

L'esprit est dans un corps, à raison de *dépendance*, quand il ne peut rien arriver à ce corps, que l'esprit n'en ressente le contre-coup ; & cette dépendance se peut concevoir, ou *simple*, ou *réciproque*. Elle est *simple*, quand il y a une liaison constante entre les modalités du corps & certaines impressions dans l'ame, & rien de plus. Elle est *réciproque*, quand cette liaison cause des modalités réciproques, ensorte que le corps dépende de l'esprit, comme l'esprit du corps, &c. : alors ces deux substances ne font qu'*un tout* ; & quoique *deux natures*, en elles-mêmes ; en un sens, elles ne sont plus qu'*une*.

L'ame se concevroit dans le corps, à raison d'*harmonie*, si la suite de toutes ses modifications & actions, indépendamment de celles du corps, répondoit exactement & parallellement, pour ainsi dire, en tems & lieu, à la la suite que composeroient, indépendamment aussi de l'ame, les modifications & changemens du corps, durant la vie de ce même corps. Pendant que dureroit ce parallélisme de part & d'autre, on concevroit que l'ame *seroit dans le corps*; le corps venant à manquer, l'harmonie cesseroit, & on ne pourroit plus dire que l'ame y fût.

Enfin l'esprit seroit dans un corps, à raison *d'existence*, si sa substance étoit enveloppée de celle de ce corps; si elle étoit emboëtée dans celle du corps; comme si le corps étant *l'appartement*, l'esprit en étoit *l'hôte*.

Je crois qu'il est facile, avec ces notions, de discerner de quelle manière l'ame peut être dans le corps. Les trois premières façons sont possibles: mais ceux-là seuls qui regardent l'ame comme véritablement matérielle, la peuvent imaginer dans le corps, à raison *d'existence*. Je rendrai raison, dans le troisiéme Livre, de ce que la Religion nous enseigne sur *l'union de l'ame & du corps*, & sur *la forme du corps*. Je me borne ici à faire voir, par une considération indépendante de ce que j'ai déja dit, qu'à raison d'existence, l'ame *n'est pas dans le corps*.

J'en viens, du premier coup, à la difficulté. On sçait bien, s'écriera-t-on d'abord, qu'une substance spirituelle n'est pas *localement* en un corps, ou, comme on s'exprime dans l'École, *circumscriptivè*, c'est-à-dire, de manière qu'elle soit renfermée entre des surfaces exactes, & entre certaines limites précises : mais elle y est d'une manière vague, & comme s'exprime aussi l'École, *definitivè*, c'est-à-dire, sans que l'on puisse positivement dire qu'elle se termine ici ni là, mais on peut dire indéterminément & en général *qu'elle y est*. Ainsi quoiqu'on ne puisse assurer que l'ame soit dans cette portion ni dans cette autre partie-là du corps, on sçait toujours en général que l'ame se tient dans le corps, & qu'elle ne va pas plus loin.

Mais il est évident qu'on n'a imaginé ce *definitivè* de l'École, & tout ce verbiage inintelligible qu'on répète tous les jours, que faute de connoître *l'élément*, le *milieu* ou le *monde* des ames, & quand on a été pressé par les absurdités du système commun, qui mettoit les ames dans les corps. En un mot, ce qu'on veut dire par-là, quand on l'aura évalué

& bien tiré au clair, est précisément ce que je dis: que ce n'est pas dans le corps que l'ame subsiste, & qu'elle a une demeure indépendante de tout ce qu'il y a de corps au monde.

Deux choses me semblent incontestables: 1°. l'ame est une substance simple: donc elle est toute entière partout où elle est. 2°. L'ame ne peut être proprement en un corps, même *définitivement*, que par la présence immédiate de sa substance: ainsi toute la substance de l'ame est immédiatement présente partout où elle est dans le corps. Cela supposé, y est-elle en plusieurs points, & en une certaine étendue, ou bien dans un indivisible? Dans le premier cas, *elle seroit immense*; c'est-à-dire, elle seroit toute entière immédiatement présente en plusieurs lieux à la fois; ce qui n'appartient visiblement à aucune substance particulière, à aucun être créé. Le second cas est chimérique, comme les indivisibles dans la matière. L'ame ne peut donc être dans le corps, même *définitivè*, puisque l'existence définitive est une présence réelle & immédiate de toute l'ame, qui ne peut se trouver, comme on l'a dit, ni en plusieurs points, ni en un seul.

On en revient toujours cependant à concevoir l'ame dans le corps : c'est qu'elle s'y rapporte naturellement, à cause de l'union ; & que le *milieu* des esprits étant également en tous lieux, elle peut se rapporter également à tous les points du corps, & plus également qu'elle ne s'y rapporteroit, si elle étoit logée en une partie. C'est donc dans cet *élément*, qui est partout ; c'est dans le *milieu* des ames, qu'elle est. Au fond, voilà ce que l'on voit ; & voilà ce qu'on cherche à exprimer par un grand mot qui ne veut rien dire. *

* Définitud.

Il semble, au reste, qu'il n'y ait pas de principe dont on puisse plus facilement établir la réalité, que ce principe *du monde des esprits*. Ce monde se manifeste sensiblement en tous tems, en tout lieu, & se présente partout à ceux qui le veulent voir.

Nous le trouvons par-tout, dans nos visions sensibles ordinaires & directes, comme on l'a déja dit, puisqu'on ne voit le monde matériel que dans l'idée de ce monde.

Nous le trouvons par-tout, dans nos visions de catoptrique, de perspective, & même de dioptrique, comme on l'a encore remarqué un peu plus haut.

Nous le trouvons par-tout, dans nos sentimens & nos modifications involontaires. Nous souffrons alors l'action d'une nature supérieure qui nous touche immédiatement, & qui nous rend heureux ou malheureux, selon qu'elle agit sur nos ames.

Nous le trouvons par-tout, dans *la force mouvante* qui avec une sagesse infinie, & une immutabilité majestueuse, transporte & modifie les corps en tout tems, en tout lieu. Cette force toute étrangère aux esprits & aux corps, est d'une nature supérieure actuellement présente partout, puisqu'elle agit actuellement en tous lieux, & qu'un être ne prouve jamais mieux sa présence que quand il agit.

Enfin ce que nous remarquons ainsi comme en détail, & selon certaines faces, pour ainsi dire, se manifeste totalement & selon tout ce qu'il est, quand nous voulons considérer l'Infini en tous sens, cette nature infiniment parfaite, actuellement présente partout, l'objet immédiat de tout ce qui pense. On a vu que la *Raison* étoit dans cet Être; & que nous habitions *la Raison*; il est donc clair, sans autre circuit, que la Nature Divine est *le lieu des esprits*: *In ipso enim vivimus, & movemur, & sumus. Act. 17, 28.*

Ainsi donc l'homme est *amphibie*; & il n'y a que lui proprement qui le soit. Les animaux qu'on appelle *amphibies*, ne vivent que successivement en différens milieux. L'homme habite deux mondes à la fois. Il jouit de deux soleils; il a deux vies.

Le soleil des esprits, c'est *la Raison*. Y a-t-il rien de plus simple, se peut-il rien de plus naturel que cette pensée ? Mais est-il moins simple ou moins naturel de dire que cette lumière souveraine, cette régle absolue des intelligences, cette loi de Dieu même, est en Dieu ?

Si je n'avois en vue que de convaincre & d'établir cette opinion par des argumens incontestables ; je me servirois maintenant de l'Ecriture, & je rapporterois une foule de textes qui, peut-être, forceroient les esprits à tomber dans mon sens. Mais mon but est sur-tout d'éclairer : & comme les autorités n'éclairent point, j'en remets l'usage à un autre tems. En effet, tandis que les esprits ne conçoivent pas distinctement la possibilité d'un système, il est inutile d'entreprendre de prouver qu'il soit vrai. Quand vous démontreriez le fait, vous ne persuaderez jamais, tandis que la manière sera cachée. Laissons donc les autorités, quant-à-présent ; & cherchons plutôt à éclairer, qu'à forcer l'esprit du Lecteur.

Il s'agit donc ici de développer le prétendu mistère *de voir en Dieu*. Il s'agit de faire disparoître du merveilleux, de dissiper des phantômes, de détruire des monstres, & de changer des paradoxes en idées distinctes, claires & nettes. Mais on va voir que tout cela dépend de la discussion d'un seul article, auquel il faut donner désormais toute son attention, puisque toutes les difficultés sont par-là réduites à une seule.

Ce point essentiel, c'est *la notion de Dieu*. L'intelligence de cette opinion demande un certain détail sur ce point-là. On le va donner en premier lieu, puis on y comparera ces principes; ce qui fera voir leur conformité à la Raison & à la Foi. De-là on déduira la manière dont on voit tout en Dieu; & on finira par un précis de ce qu'on a dit de plus plausible en faveur de cette opinion sur les idées & sur les ames.

Les êtres particuliers ne sont particuliers que par restriction; car c'est la seule privation, le défaut de réalité qui les réduit à être *telles* choses. Un tel triangle n'est *tel* triangle, que parce qu'il n'est pas tous les autres; & sa figure triangulaire n'est qu'une pure négation d'une étendue ultérieure. Tous les êtres particuliers sont dans le même cas. Ils sont faits de perfections & d'imperfections; l'être & le néant y confinent, si on peut s'exprimer ainsi; & c'est sans doute pour cette raison qu'on les appelle *finis*.

Une étendue qui contiendroit toutes les étendues possibles, une étendue absolument & actuellement infinie, ne seroit pas *telle étendue*. Ayant toutes les réalités des étendues particulières, ce seroit l'étendue tout court, l'étendue sans restriction; en un mot, *l'étendue*. Et parce que cette réalité seroit sans imperfection, sans privation dans son genre, elle renfermeroit déssà même la perfection ou la réalité de tout solide, de toute figure, & de toute ligne. Il n'y auroit cependant, en elle, aucun solide taillé, aucune figure tracée, ni ligne marquée, ni point, ni trait; toutes ces déterminations, ces définitions, ces bornes sont de pures cessations d'être, & comme les lisières du néant, qui touchent à l'être, & n'y sont pas.

Un drap renferme les vêtemens, & tout ce que l'on en pourroit faire, sans que ces vêtemens soient taillés dans ce drap : il en renferme tout le réel. Ainsi l'étendue infinie renferme tous les corps, est véritablement tous les corps, sans être particularisée & sans être anatomisée en tels solides ou en tels autres. On y peut cependant voir tel corps : l'imagination y coupe & tranche, & y détermine tout ce qu'elle veut. Elle y taille en plein drap. Mais toutes ces limitations, encore un coup, sont des négations & non pas l'étendue elle-même. Je ne pense pas qu'on ait aucune peine à entrer dans une telle idée.

Que si, au lieu de considérer un être

SUR LA RAISON. 205

comme l'étendue, qui n'eſt infini qu'en un genre, on conſidère un être infini également en tout genre, infini en tous ſens; on voit que cet être évidemment ne ſera ni tel, ni tel être, mais l'être ſans reſtriction; l'être tout court; en un mot, *l'être*: & parce que cette réalité eſt ſans privation en tout genre, & que dès-là même elle contient la réalité de tout être; elle ſera en effet tout être; & elle aura évidemment les perfections de tous les êtres.

Donc tout ainſi que l'étendue, ou l'infini en étendue, n'eſt ni l'étendue de cinquante, ni de ſoixante toiſes, mais l'étendue; de même l'être, l'infini tout court, n'eſt ni l'infini en étendue, ni l'infini en penſée; mais *l'infini*, mais *l'être*. Et en un mot, ce qu'eſt une figure, une étendue particulière, à l'infini en étendue; cet infini en étendue l'eſt de même à l'infini en tout ſens, qui renferme les réalités des infinis de divers genre, comme l'infini en étendue renferme toutes celles de tous les corps. Je dis, *toutes les réalités*, & nullement ce qui détermine chaque infini particulier, chaque être particulier, à être tel infini, telle ſubſtance ou tel être. Ce sont-là des *privations*, & non pas des *réalités*.

Mais avant qu'on passe à autre chose, il faut parler de la manière dont on doit concevoir que *l'être* renferme *tous les êtres*.

Il y a deux manières de renfermer l'essence ou la réalité de chaque chose : Ou, il y a deux sens selon lesquels quelqu'un pourroit s'imaginer que *l'être sans restriction* renfermât *tout être*, fût *tout être*. Le premier sens seroit que *l'être* ne fût *qu'un composé de tout ce qui existe*, de l'étendue matérielle des substances, pensantes & généralement de toutes choses. Cette collection monstrueuse seroit l'athéisme de *Spinosa*. Mais cet *être* ne seroit pas sans restriction ; il seroit au contraire tout pétri d'imperfections & de néant, puisqu'il rassembleroit tous les défauts de tout ce que l'on voit dans le monde.

Le second sens seroit que *l'être* renfermât tous les êtres, *comme les idées renferment leurs objets* ; que l'essence de l'être fût ou renfermât les essences des choses, les archétypes, les exemplaires ou les modelles de tous les êtres. Ces essences ou ces exemplaires seroient autant d'originaux, dont les créatures seroient des copies. Ce seroient des perfections ou diverses faces de l'être, que l'être copieroit en créant tout ce qu'il produiroit au dehors. L'être seroit donc, selon ce sens, l'original de tous les êtres. Et ce qu'on appelle des *créatures*, seroient des imitations ou des copies de ces originaux contenus dans l'être primitif, dont ces originaux-là même seroient diverses perfections, & pour ainsi dire diverses faces. *

Ainsi l'être, en se regardant, connoîtroit tous les êtres ; il seroit sa lumière à lui-même, & il n'auroit besoin que de lui pour voir tout ce qui concerneroit les essences de tous les êtres.

Il seroit réellement tous les êtres ; car ce sont les originaux qui proprement sont les piéces. Lorsqu'on ne possède qu'une simple copie, on dit en parlant de quelque acte, *j'en ai une copie* : mais si on possède l'original, on dit ; *j'ai la piéce*. Donc notre être sans restriction seroit réellement & proprement tout être, sans que matériellement il fût ni bois, ni eau, ni feu. Et de même que l'original renferme toutes les conditions, toute la réalité & toute la conséquence de ce

* Le Spinosiste fait son Dieu de tout ce qui existe, au lieu de le faire de celui qui représente tout ce qui existe, & tout ce qui peut exister.

que portent les copies; de même les perfections de l'être renfermeroient toute la réalité & toutes les perfections de tous les autres êtres.

De même enfin que le plus précieux métal peut prendre la forme & la figure de la plus vile chose, & que du même lingot d'or pur on peut faire une figure humaine, une figure de chien ou de chat, &c. sans que l'or qui ressemble au chien soit moins précieux en lui-même que celui qui ressemble à l'homme, quoique le chien ne vaille pas l'homme; de même les exemplaires des choses peuvent être infiniment parfaits, & tous également parfaits, quoiqu'ils représentent des choses viles, & plus viles les unes que les autres.

Je vais au-delà, & je dis: Puisque l'être que nous décrivons est sans restriction en tout genre; toute réalité, sans néant; toutes les perfections, sans imperfection; (*Ens, sine non ente*); il s'ensuit que chacune de ses perfections est aussi sans restriction. Donc elle est véritablement toutes les autres à la fois. Seconde raison pour que l'essence ou que l'exemplaire d'une chose vile soit d'une aussi grande perfection que l'essence d'une chose plus parfaite. Donc encore la substance de l'être est réellement en tous lieux : elle est immense, puisqu'elle est sans privation, puisque son existence est sans privation, sans restriction, sans néant, en un mot sans bornes, en tout sens.

Le même raisonnement établit l'éternité de l'Être. Mais il y a une remarque à faire sur *l'immensité*, par rapport au sistème que nous suivons. C'est qu'il ne faut pas confondre cette *immensité* avec *l'étendue intelligible*, ou l'idée de l'étendue. Celle-ci est une perfection de Dieu, *rélative* à l'étendue qui se peut créer : celle-là est un attribut *absolu* de Dieu. L'étendue intelligible est immense, à la vérité ; mais non pas parce qu'elle représente une étendue sans bornes ; c'est seulement & précisément parce qu'elle est en Dieu, & que tout ce qui est divin est partout, comme Dieu même.

Le terme *d'immense* est donc équivoque ; il désigne, quand on parle de *l'immensité de Dieu*, cette propriété incompréhensible de la substance divine, *d'être actuellement toute entière en tout lieu*. Mais ce même terme, en d'autres occasions, signifie *extrêmement grand*. Les espaces célestes sont immenses; c'est-à-dire, extrêmement grands. Le terme d'immense, dans le premier sens, n'est pas *quantitatif*; On me passera ce mot. Dans le second, il est *quantitatif*; & il dit une opposition au premier sens, puisque chaque partie d'une immensité de la seconde espéce exclut toutes les autres. Ces deux sortes d'immensités sont donc bien différentes. L'une est *l'immensité* proprement dite, qui est celle de Dieu; l'autre est immensité par métaphore, & comme par abus de ce mot.

Or il est visible que ce n'est point par cette propriété *d'être tout entier partout*, que Dieu représente les corps: car cette propriété n'est participable ou imitable par aucune créature. Cette propriété est donc différente de *l'étendue intelligible*.

Il est bien vrai que l'étendue intelligible est toute entière en tout lieu: mais non pas parce qu'elle représente une étendue infinie, c'est parce qu'elle est en Dieu. En ce qu'elle est divine, elle est *immense*: mais elle n'est pas *l'immensité*. La perfection de Dieu, qui repréfente les corps, eft une perfection *rélative*, comme celle qui repréfente les efprits; & l'immenfité dont il s'agit eft un attribut abfolu. En un mot l'immenfité convient à tous les attributs de Dieu, parce que c'eft une propriété de fa fubftance abfolument prife; au lieu que l'étendue intelligible eft ifolée pour ainfi dire, & comme une face particulière de l'être, qui ne repréfente qu'une immenfité prife dans le fecond fens, qui n'eft pas celle de Dieu.

Ce ne peut donc être qu'en prenant l'immenfité dans le fecond fens, qui eft abufif, qu'on peut *confondre* cet attribut de Dieu avec l'idée de l'étendue. Cette idée, en elle-même immenfe, felon le premier fens, nous repréfente *une immenfité* de la feconde efpéce, que Dieu peut créer, mais dont il n'exifte actuellement que ce qu'il a voulu créer........ Le Docteur Clarke, Newton, & je ne fçais combien d'autres, font exifter entièrement tous ces efpaces immenfes que l'étendue intelligible préfente à tous les efprits. Ils les ont confondus groffièrement avec cette étendue intelligible par où ils les voyoient; ils les ont supposés *infinis*, antérieurs au monde, ainsi du reste, parce qu'ils voyoient toutes ces propriétés dans l'étendue intelligible. V. *l'Hypothèse des Petits Tourbillons*, &c. page 370.

Il n'y a pas à douter que *Spinosa* n'ait été également trompé par l'étendue intelligible, mais d'une autre manière.

Newton l'a prise pour un espace antérieur à la matière, & indépendant d'elle ; Spinosa l'a prise pour la matière même.

Suivons toujours l'idée de l'Être sans restriction, de toutes les perfections sans imperfection, de toute réalité sans néant. Il est visible qu'il n'y a point de matière, point d'étendue locale dans un tel être : car l'étendue locale, ou la matière est imparfaite par essence, chaque partie excluant les autres, & n'existant qu'en un seul lieu, enfin étant comme composée de beaucoup de néant & de très-peu de chose.

C'est donc par imperfection que la matière est étendue, de cette extension locale qui est propre des corps ; que les parties de cette matière sont distinguées entr'elles, les unes extérieures aux autres, par conséquent les unes privées de la réalité des autres, & restraintes à n'être que *telle chose*; tandis que son original, l'idée de l'étendue, l'archétype renfermé dans l'être, y est sans ces exclusions, sans privation des essences & des perfections des autres êtres, sans manquer de la réalité, ni d'aucune autre substance, ni d'aucune autre perfection de l'être qui renferme tous les êtres. Voilà ce qui rend l'étendue créée si différente de son idée; & on peut le rendre encore plus sensible par la comparaison qui va suivre.

La *tête morte*, ou la *terre damnée*, que les opérations chymiques extraient de la masse du vin, est toute imparfaite & toute brute auprès d'un verre de vin bien clair : Pourquoi ? C'est qu'en tirant cette terre du vin, on l'a privée des accompagnemens qui perfectionnoient son être, qui effaçoient entièrement la grossièreté de sa masse; & à force de restrictions, on l'a réduite à ces gros grains. Mais une *terre damnée* toute semblable, actuellement dans le vin, a la perfection du vin. Il semble que là elle participe à la perfection des choses qui composent avec elle le même tout;

de telle façon que si le vin étoit infiniment parfait, la *terre damnée* qu'il contiendroit seroit infiniment parfaite; tandis qu'une *terre damnée* extraite, quoique semblable à celle du vin, seroit insipide, hideuse, en un mot, une chose des plus viles.

Il en est de même des créatures que l'on compare à leurs idées. Chaque créature est une copie de quelque perfection de l'être; mais d'une perfection solitairement prise avec exclusion des autres, avec privation des avantages qu'elle a dans la société des autres. La matière, par exemple, copie son archétype ou son idée; mais elle ne le copie cependant ni en immensité, ni en simplicité, ni en aucune perfection qui diffère de l'étendue même. Et comme elle l'imite en ce point, avec négation des autres choses, son étendue n'est qu'un extrait, une terre damnée, & comme une crasse : son étendue n'est que locale, chacune de ses parties n'existe qu'en un seul lieu, privée de la réalité de celles qui existent à côté d'elle; au lieu que l'idée de l'étendue, outre la réalité des corps, a la réalité de quelque chose que ce soit, est spirituelle, immense & simple, est infinie en tous les sens, a les perfections de l'être, où elle est fondue & perdue, comme la terre se perd dans le vin. Quelque grossière & quelque imparfaite que cette comparaison puisse être, car tout le monde remarque assez son imperfection & son peu de justesse, elle fait entendre ce que l'on veut dire. Achevons l'explication de la vraie notion de l'être.

Si je pense à un pied-quarré, c'est l'infini en étendue qui me le représente : mais cet *infini* n'est pas tout employé à me montrer ce que je vois. Ainsi je n'apperçois cette étendue infinie qu'en tant que représentative d'un pied-quarré, ou entant qu'elle est rélative au pied-quarré matériel qui se peut créer au-dehors. Et quoique chaque perfection de l'étendue intelligible soit en même tems toutes les autres, & que l'idée d'un pied-quarré ait d'autres propriétés encore que celle d'être l'idée d'un quarré, je ne lui en verrai pourtant pas d'autres : Je ne la verrai que de ce sens-là. Restriction tout-à-fait possible, puisque ce pied-quarré en est une copie, & que Dieu lui-même la fait, quand il produit un pied-quarré. Donc il est possible à l'esprit de considérer l'étendue, cette étendue intelligible qui nous représente tous les corps, ou entant qu'elle est *rélative* à telles étendues particulières qui se peuvent produire au-dehors, ou entant qu'elle est *infinie* & selon son être *absolu*, ou selon ce qu'elle est en elle-même. Comme *rélative* à un quarré, ce n'est que *l'idée* d'un quarré ; & en elle-même, c'est *l'étendue*, ou l'idée de l'étendue.

Or on peut donner le nom de *substance absolue* à sa substance absolument prise, ou à sa substance prise en elle-même. Et on peut appeler sa *substance rélative*, sa même substance considérée comme rélative à certains corps, ou comme l'idée de certains corps. On voit donc bien distinctement que ces *deux* prétendues *substances*, *la rélative* & *l'absolue*, ne sont réellement que la même, qu'on regarde tantôt d'un côté & selon ce qu'elle est par raport à quelque être, tantôt toute entière à la fois & selon son être absolu, ou selon ce qu'elle est en elle-même.

Si on veut encore mieux sentir cette distinction

distinction importante de la *substance rélative* & de la *substance absolue*, on peut remarquer en passant que l'étendue intelligible *absolument* & en elle-même a beaucoup de propriétés & de perfections qui ne conviennent point à ce qu'on appelle la substance *rélative*; c'est-à-dire, qui ne conviennent point à l'étendue intelligible entant que *rélative* à tel ou à tel corps.

L'Être *absolu* de cette étendue est uniforme, tout-homogène, sans figure, ni point, ni trait. Au lieu que l'étendue *rélative* est modifiée, figurée, taillée, &c. L'Être *absolu* de l'étendue est nécessaire, éternel, incréé: au lieu que l'étendue *rélative* n'a pas toutes ces propriétés; car aucun de ces attributs n'est l'idée de tel ou tel corps.

Tout ceci s'applique de soi-même à l'Être sans restriction qui, *absolument* & en lui-même, est pareillement tout autre chose que ce qu'il est *par rapport* à tels ou à tels êtres; & dans lequel, par conséquent, il est facile de distinguer la substance *absolument prise*, de la même substance *rélative*. C'est-à-dire, on conçoit très-bien que, quand on considére un être dans l'Être sans restriction, on ne considére celui-ci qu'en tant qu'il est *l'original*, ou l'exemplaire de celui-là. On ne voit précisément de l'Être, que sa rélation à tel être. Ou pour plus de facilité, que l'on s'imagine, si l'on veut, que les originaux des choses sont tous différentes faces de l'Être, dont l'une est visible sans l'autre, & sans qu'on fasse attention à tout ce qu'est la substance de l'Être; ou bien sans voir l'Être en lui-même. *Deus essentiam suam perfectè cognoscit. . . . . Potest autem cognosci non solùm secundùm quod in se est, sed secundùm quod est participabilis, secundùm aliquem modum similitudinis à creaturis. Unaquæque autem creatura habet propriam speciem, secundùm quod aliquo modo participat divinæ essentiæ similitudinem. Sic igitur in quantùm Deus cognoscit suam essentiam, ut sic imitabilem à tali creaturâ, cognoscit eam ut propriam rationem & ideam hujus creaturæ.* St. Thomas. 1. p. quæst. 15, art. 2.

Telle est la notion de Dieu que suppose ce systême. On ne devroit point, ce sembleroit, y trouver à redire. Car enfin il paroît incontestable que Dieu voyoit, de toute éternité, toutes les créatures possibles; & il n'est pas moins sûr qu'il ne les voyoit qu'en se considérant lui-même. Il ne tire point ses lumières d'ailleurs. C'est en le regardant qu'il connoît tous les êtres. Il paroît donc indubitable qu'il a tous les êtres en lui ; c'est-à-dire que les archétypes qu'il a dans lui, sont véritablement tous les êtres qu'il y voit. En effet, on ne voit un triangle que dans une figure de trois côtés. Il n'y a qu'un cercle qui représente un cercle. Ainsi les archétypes des choses sont réellement toutes ces choses. L'Être qui représente tous les êtres est donc réellement tous les êtres. *Dictus est in Scripturis Spiritus sapientiæ multiplex, eo quòd multa in se habeat : sed qua habet, hoc & est ; & ea omnia unus est.* August. de Civit. Dei, L. 11, cap. 10.

Il n'est donc pas déraisonnable de dire que Dieu, l'infiniment parfait, l'Être sans imperfection, sans privation, est tout Être ; puisqu'il n'y a même aucun autre moyen de le concevoir sans privation, que de lui attribuer la réalité de tous les autres êtres à la fois.

Mais, s'il est, par exemple, tous les êtres qu'il a faits; il n'est pas restraint à n'être qu'eux. Il en est une infinité d'infinités d'autres qu'il peut faire, & il n'est encore nullement borné à cela. Ce n'est pas là son être absolu. Il est infiniment plus que cela, absolument & en lui-même. Il est tout autre être : mais par-dessus tout cela, il est lui-même. Il est tous les autres êtres : mais ils ne sont pas ce qu'il est. *Cùm essentia Dei habeat in se quidquid perfectionis, habet essentia cujuscumque rei alterius, & adhuc amplius.* Thom. 1. p. Quæstione 14, art. 6..... *Sed quæ habet, hæc & est, & ea omnia unus est*, dit St. Augustin........... Il ne faut donc pas définir Dieu, *tel*, ni *tel* être : il faut ôter le *tel*, & le définir, *l'Être; Celui qui est. Qui est, misit me*, &c. *Ego sum, qui sum*, &c.

Il y a cependant des Théologiens qui désapprouvent cette notion de Dieu; & tandis que nous le définissons comme il se définit lui-même, ils prétendent que la Religion ne s'accorde pas avec une telle idée : elle est, disent-ils, contraire à ce que la Foi enseigne touchant *la singularité* & *la simplicité* de Dieu. Faisons donc voir encore d'une autre manière, qu'en premier lieu Dieu renferme tous les êtres; en second lieu, qu'en ce systême Dieu est un Etre singulier, comme il doit l'être, & que c'est enfin un Etre simple, quoiqu'il soit tous les êtres.

1°. Dieu est tout Etre; ou bien, l'Etre sans restriction, qui est tout Etre, est Dieu.

Ne le considérons d'abord, cet Etre, que comme possible : la pensée que nous en avons, & la description que nous en sçavons *faire*, en établissent la possibilité, selon la maxime reçue. Cet Etre n'est ni l'ouvrage de notre imagination ni celui de notre esprit pur, puisqu'il est incompréhensible, & qu'il excéde conséquemment toute faculté finie : enfin, selon ce qu'on a démontré dans la première Section de ce Livre, cet Etre ne peut être représenté par aucune idée créée. Donc, quand on pense à lui, on l'apperçoit lui-même; & si on le voit lui-même, il est bien clair qu'il est.

Mais il n'est pas moins clair qu'il renferme toutes les perfections, sans imperfection; toute réalité, sans néant; puisqu'il est sans restriction, sans privation en tout genre : il est donc Dieu. L'Etre qui renferme tout être est donc Dieu; ou, ce qui revient au même, Dieu est tout Etre.

K iij

Il est inutile, dira-t-on, d'admettre ainsi tous les êtres en Dieu. *Il sçait jusqu'où va sa puissance*, & par conséquent ce qu'il peut faire : dèslors il connoît tout, sans tous ces êtres & sans toutes ces idées. Mais qu'on y prenne garde, Dieu ne connoît pas tout, *parce qu'il connoît jusqu'où va sa puissance*; au contraire il connoît jusqu'où va sa puissance, parce qu'il voit tous les êtres. Mais de quelque manière qu'il voye tout; que ce soit ou dans sa puissance, ou dans sa sagesse, &c. qu'il voie tout, c'est toujours en lui qu'il voit tout ; & si on ne veut pas que sa sagesse renferme tous les êtres, on sera obligé de dire que sa puissance même les renferme, puisque c'est là qu'il les connoît, c'est-à-dire qu'il les voit.

D'ailleurs les Théologiens sont obligés de convenir que Dieu renferme *éminemment* la réalité de tous les êtres. Ou cela ne signifiera rien, ou cela signifiera que Dieu est *éminemment* tous les êtres : & quelque manière d'être, ou de renfermer, que cet *éminemment* puisse marquer, c'est toujours une manière réelle ; sans quoi il n'est plus véritable que Dieu ait les perfections de tous les autres êtres qu'il peut faire : il suivroit donc encore de-là, avant que d'éclaircir la chose, que Dieu seroit tout être.

Mais le vrai sens d'*éminemment* est que Dieu renferme tous les êtres d'une manière infiniment parfaite, ou, sans renfermer leurs défauts ; qu'il renferme leurs perfections, sans leurs imperfections ; leurs réalités, sans leur néant : en sorte que les originaux qui sont en lui sont tous infiniment parfaits, & ne sont pas restraints à n'être que les choses que l'on voit en eux.

Quand on me dit qu'*éminemment* veut dire que Dieu renferme tout être, ou la perfection de tout être, comme une cause renferme les effets ; je demande qu'on s'explique.

La *Toute-puissance* de Dieu consiste en ce que ses volontés sont toujours efficaces ; ou en ce qu'il y a une liaison, une connexion nécessaire entre les volitions de Dieu & les effets qu'il veut. Or ni la volonté de Dieu, ni cette liaison nécessaire ne renferme tous les êtres : la volonté de Dieu exécute ; mais c'est la sagesse qui renferme le projet & les essences des choses à faire. Car Dieu connoît avant qu'il veuille ; il voit avant que de faire.

Donc ses idées sont préalables à sa puissance & à ses actes. C'est la sagesse qui renferme donc tout être : & ce langage si usité, *la cause renferme son effet*, veut dire en cette occasion-ci, que Dieu renferme l'essence de ce qu'il veut faire, & que c'est en voyant cette essence qu'il veut produire la chose ; mais non pas, que la puissance même, comme puissance, renferme quelque chose. Cela ne signifie rien du tout, si ce n'est qu'on entende par-là que la volonté de Dieu a toute l'efficace nécessaire pour produire toute sorte d'êtres ; que tous les êtres dépendent de Dieu, &c. Mais tout cela suppose des idées, avant toutes choses, une sagesse & un ordre en Dieu : cela dit donc tout ce que je veux dire.

II°. Quant à la singularité de l'Être infiniment parfait, je dis qu'il est très-*singulier*, en ce sens qu'il est distingué de la matière & des esprits, & généralement des êtres que nous appellons, des êtres créés.

Il est encore très-*singulier*, en ce qu'il est seul de sa cathégorie, seul infini en tout sens, seul enfin dans son genre.

Mais vouloir qu'il fût singulier, en ce qu'il ne renfermât pas toutes les réalités & les perfections de tous les êtres, de manière qu'il n'eût pas dans lui les originaux de tous les êtres ; ce seroit le faire singulier aux dépens de ses attributs : car on démontreroit alors qu'il y auroit des perfections que Dieu ne posséderoit pas, qu'il ne connoîtroit pas tous les êtres, &c. Donc Dieu, dans ce nouveau système, est *singulier*, comme il doit l'être.

III°. Je fais voir que c'est un être *simple*, quoiqu'il renferme tous les êtres : chacune de ses perfections étant sans restriction, renferme toutes les autres à la fois. Point de distinction réelle, par conséquent point de parties. Chaque partie d'un être composé renferme quelque néant : celui-ci est sans privation ; donc il est simple. Et d'ailleurs comment des idées, des perfections du même être, qui ne sont toutes distinguées entr'elles qu'en ce qu'elles sont relatives à différens objets ; comment, dis-je, ces perfections composeroient-elles Dieu, tandis que *trois personnes distinctes*, d'une distinction réelle, n'empêchent pas que Dieu ne soit simple ?

De ce que j'ai dit dans ces trois

points, il faut conclure une vérité, qui me semble aussi importante que peu connue, & dont l'ignorance vraisemblablement empêche de goûter ce que nous enseigne soit la Raison, soit la Religion même, de la Nature Divine. Voici cette importante vérité : c'est que *Dieu n'est pas un esprit, de la même manière que nos ames.* Je veux dire qu'il ne faut pas confondre ces deux spiritualités ; qu'elles ne sont ni de même espèce, ni de même genre ; que comme Dieu renferme les essences des corps, sans être corps ; il renferme l'essence de l'esprit, sans être esprit. Les esprits créés ne sont qu'une espèce d'êtres : la matière en est une autre. Dieu, au contraire, est tout être ; &, comme on l'a prouvé ci-devant, il n'est ni tel être, ni tel autre.

La Foi nous dit que Dieu est esprit : c'est pour nous dire qu'il n'est pas corps. C'est pour nous en donner la plus belle notion dont on soit capable en ce monde. C'est ce qu'on pouvoit nous dire de mieux, dans l'état où se trouvent toutes choses. Il falloit fixer les imaginations par une expression particulière : & celle-ci ne nous exposoit à aucun inconvénient, puisque nous n'avions pas l'idée de l'ame. Mais autant qu'il peut être utile de ne pas prendre Dieu pour un corps, autant est-il essentiel de ne le pas confondre avec les esprits : puisqu'il est vrai qu'on peut, par cette distinction, sapper les fondemens de l'impiété, & réduire à un éternel silence les incrédules & les athées.

En effet, si Dieu n'est pas esprit, de la spiritualité des Anges & de nos ames, il n'y a plus lieu de contester ce que la Religion lui attribue, quoique nous ne puissions l'accorder avec ce que nous pensons des esprits.

Le mystère de trois personnes distinctes en un seul esprit, paroît incroyable aux Sociniens : mais il est clair qu'ils ne tirent cette incrédibilité que de la notion de cet esprit. Ils raisonnent sur un esprit particulier ; tandis que Dieu, exactement parlant, n'est ni particulier, ni esprit... Nos esprits n'ont point en eux la lumière qui les guide ; ils n'ont pas d'eux-mêmes le mouvement qui les anime ; l'efficace qui les modifie ne leur appartient pas. Ainsi, bien loin de nous donner l'idée d'une triplicité de subsistance, ils nous donneroient plûtôt celle d'une triplicité de privation, d'une triplicité de néant. Mais la Nature Divine a la lumière en propre; son amour, ou son mouvement lui est propre; l'efficace, ou la toute-puissance est propre de son être : ces trois choses ne subsistent qu'en Dieu. Il n'y en a point ailleurs d'exemples. Comment donc décider, par d'autres êtres, de la manière dont elles subsistent en Dieu? L'aptitude à être éclairés, l'aptitude à recevoir l'impression ou le mouvement de l'amour, l'aptitude à être modifiés de différentes manières, ne sont en nous que le même fonds. Un seul point a souvent des relations diverses. Mais en est-il ainsi de l'Être qui a *la lumière*, le *mouvement* & *la puissance* en propre? Ce sont peut-être-là trois sources distinctes en lui : & que sçavez-vous si chacune d'elle n'a pas sa manière de subsister?

Il est donc clair que le défaut d'exemples de trinité dans les esprits créés, & même le défaut de vraisemblance de ce mystère, quand on en juge par ce qu'on remarque dans des natures particulières, ne concluent rien contre la vérité de ce dogme de notre Foi; & qu'il n'y a rien de si utile que d'avoir toujours devant les yeux que la Nature Divine n'est pas un esprit, comme peut être une Ange ou notre ame.

Ceux que la création embarrasse, & qui la regardent comme impossible, n'ont pour cause de leur embarras que leur mauvaise méthode, de juger de l'infiniment parfait par la notion des esprits créés. Il n'y a aucun exemple de fécondité dans les volitions des esprits créés : chacun éprouve en soi une stérilité, une incapacité absolue de rien produire : & on en attribue autant à Dieu, parce qu'on juge de lui par soi-même.

Pourquoi tant de peine à rendre raison de la permission & de la propagation du péché originel ? De la perpétuité des peines de l'enfer ? De la prédestination & de la distribution de la grace ? C'est qu'on considère la Divinité comme un Être particulier, comme semblable aux esprits créés. C'est que, quand il s'agit de raisonner sur la conduite de Dieu, les Théologiens commencent par le mettre en sa place. Et dèslors ce n'est pas merveille, si en raisonnant selon ce qu'ils sont, ils ne peuvent arriver où il en vient, en agissant selon ce qu'il est.

Ceux qui trouvent à redire à ce que nous disons, que la Nature Divine est *le monde* des esprits, *le milieu*, *l'élément*, *le lieu* de tout ce qui pense; jugent aussi de la Divinité, comme d'une nature particulière. Toutes ces choses seroient inconcevables d'un Ange, ou de notre ame: mais ce n'est pas nous qu'il faut regarder, pour juger de ce qu'est Dieu. Il faut considérer l'infiniment parfait, l'Être sans restriction. Or cet Être sans restriction est en tous lieux. Il a dans lui les archétypes, les modèles de toutes choses. Ces archétypes sont nos idées. Nous sommes immédiatement unis à nos idées. Nous sommes donc où elles sont. Tous les esprits créés habitent la Raison; la Raison est en Dieu: Dieu est donc *l'élément* ou *le monde* des esprits.

Reprenons le fil de notre sistême, si on veut toujours que ç'en soit un. Et après avoir expliqué comment Dieu renferme tous les êtres, comment les idées sont en Dieu, comment les idées différent des choses, comment l'être *absolu* de Dieu diffère de son être *rela-*

SUR LA RAISON.

tif, comment l'un est *visible* sans l'autre, comment Dieu est très-*singulier*, un être simple, & ainsi du reste; allons, s'il se peut, jusqu'au bout, & tâchons de faire entendre de la même manière, comment nous sommes unis à Dieu, & comment on voit tout en lui.

Dieu dans l'instant qu'il créoit l'ame, pendant l'action même, étoit uni à l'ame, & on ne peut concevoir une union plus grande. Il ne se peut rien de plus intime, de plus étroitement lié. Dieu pénétroit sa créature; il la soutenoit en tout sens; il la faisoit tout ce qu'elle étoit. Voilà une première union, en comparaison de laquelle les unions d'entre les créatures ne sont pas même dignes de ce nom.

Notre union avec le corps, en ce moment-là, n'étoit rien; & quand elle seroit survenue durant la création même, si cette action du Créateur eût persévéré quelque tems, ce n'eût été qu'une union d'un ordre inférieur, incapable d'interrompre, de troubler la première, ni d'arracher, pour ainsi dire, notre ame à Dieu. On voit enfin qu'aucune substance, aucune créature, aucun être n'étoit capable de s'insérer entre l'Ouvrier & son ouvrage ; de sorte qu'en ce moment-là, ce qui nous touchoit de plus près, c'étoit l'Auteur même de notre être.

Or ce tems-là persévére encore ; la création continue. L'action du Conservateur est celle du Créateur lui-même. Dieu est toujours présent à l'ame, de la présence la plus intime. Il ne s'est point retiré d'elle, & elle est encore entre ses mains. Donc nos ames sont unies à Dieu, d'une union bien plus étroite que toutes les unions possibles entre des esprits créés & des corps.

Quelque union que l'on conçoive que Dieu mette entre deux êtres, on conçoit toujours que le Créateur ou le Conservateur commun est uni plus étroitement & plus intimement à chacun, qu'ils ne peuvent être l'un à l'autre : car ils ne demeurent pas conservés moyennant leur union ; mais moyennant leur conservation ils demeurent unis.

Dieu seul est nécessairement l'objet immédiat de toute ame : car toute ame est faite pour Dieu seul. S'il donnoit à nos volontés d'autres objets que lui-même, il auroit fait nos volontés pour d'autres que pour lui. S'il donnoit aux entendemens d'autres objets que lui-même, il auroit fait cette faculté pour d'autres que pour lui-même.

Nous avons cent milles preuves par jour de notre union avec Dieu. Si nous voulons, si nous souffrons, si nous voyons quelque chose ; c'est que Dieu immédiatement nous anime & nous meut, c'est que nous sommes unis aux idées qui sont en Dieu, c'est que nous sommes unis à la cause véritable qui nous peut rendre heureux ou malheureux, qui produit en nous la douleur, la tristesse, le plaisir & la joie ; qui nous fait espérer ou craindre, ou pleurer ou rire à son gré. *Deo junctum est quod intelligit Deum. Intelligit autem rationalis anima Deum.* Aug. libro 83 Quæstionum, quæstione 54. Selon la même manière de raisonner, on pourroit ajoûter : *Causa efficaci junctum est quod patitur. Lumini & veritati junctum est quod videt veritatem : videt autem anima rationalis veritatem, & patitur nunc dolorem, nunc delectationem, &c. ; & solus Deus est lux vera, veritas & causa efficax : ergò anima rationalis Deo juncta est.*

Notre union avec le corps finira dans quelques jours : mais notre union avec Dieu est essentielle à nos ames, & ne sçauroit finir qu'avec elles. Notre union avec le corps n'est *union* qu'en un sens figuré; mais notre union avec Dieu est une *union* à la lettre, & la seule qui soit à la lettre.

J'ai fait voir que nous n'étions point dans le monde des corps, mais qu'il y avoit un *élément*, un *milieu* & un *monde* des ames, & que ce monde étoit Dieu même. J'ai fait voir que nous n'étions unis qu'à ce monde de nos ames, qu'on ne l'étoit point au monde des corps. J'ai donc suffisamment prouvé notre union avec Dieu seul, que c'est la substance de Dieu seul qui nous affecte & qui nous touche, d'une perfection ou d'une autre, quand nous pensons aux êtres particuliers; & de sa substance absolue, quand on croit que l'on ne pense à rien. Voilà déjà tout le mystère de l'origine de nos idées; mais on veut peut-être du détail.

Quoique l'ame soit unie à Dieu, de cette union nécessaire qui est indépendante de toute loi, & qui est commune à tout ce qui pense; il falloit pourtant un décret pour déterminer la manière dont Dieu affecteroit les ames, & dont il leur procureroit cette succession de pensées qui composent & la vie humaine & la matière de nos mérites. Une cause générale n'agit point par des volontés particulières. Il faut qu'il y ait de la constance; & de l'uniformité dans sa conduite; c'est-à-dire, il faut que celle-ci porte son caractère, & dise ce qu'elle est: ce qui ne se peut, qu'en établissant des causes occasionnelles qui, en tems & lieu, déterminent l'efficace d'une loi générale, & qui ayant de leur part les caprices & les particularités, laissent à la vraie cause toute la gloire de la constance, de l'immutabilité, & en un mot, sa divinité toute entière.

Il y a donc un décret de Dieu pour déterminer la manière dont nos ames sont unies à Dieu, c'est-à-dire, pour déterminer le détail de cette union; comme il y a un décret de Dieu qui unit nos ames à nos corps. Et de même qu'on a sçu remarquer la loi générale & naturelle de l'union de l'ame avec le corps, on peut aussi reconnôtre celle de l'union de l'ame & de ses idées, c'est-à-dire, des ames & de Dieu.

La loi générale de l'union de l'ame avec le corps est, que les changemens & les modalités ou manières d'être de l'un, sont les *causes occasionnelles* ou *les occasions* des changemens, des manières d'être ou des modalités de l'autre; & cela réciproquement. Dieu lui-même exécute sa loi; & voilà ce fameux lien qui unit les ames & les corps.

La loi générale de l'union de l'ame & des idées, ou qui détermine la présence des idées à nos ames, consiste dans le décret de Dieu en vertu duquel il affecte l'ame de la réalité qui est en lui, qui correspond à la figure qui s'est formée dans le cerveau, ou à tel autre événement qui a été établi cause, ou plûtôt, simple occasion de la présence de telle idée.

Par exemple, si un pentagone est dessiné dans le cerveau, l'ame ne se trouvera affectée que d'un pentagone intelligible : car il est tout aussi possible qu'on n'apperçoive qu'un pentagone dans une étendue infinie, quoique ce pentagone qu'on voit, aucune figure ni aucun corps n'y soit dessiné ni taillé ; qu'il est possible qu'un Astronôme n'apperçoive qu'un seul point du ciel, quand il le regarde par un tuyau, quoique ce point qu'il apperçoit ne soit pas taillé dans le ciel, & comme tout détaché du reste.

Mais, de toutes les manières de concevoir ceci, la plus générale & la plus simple est de considérer la Nature Divine comme le *monde des esprits*, de considérer *ce milieu* indépendant de tout autre, existant actuellement en tous lieux, & correspondant non-seulement à ce monde des corps, mais à une infinité de mondes matériels que Dieu pourroit produire ; & dont la présence aux yeux de l'ame fait la richesse de l'imagination, l'héritage des muses, le pays des romans & des fièvres-chaudes, le désert de la fiction, le lieu des chimères & des sistêmes.

Pour simplifier encore notre objet, & pour soulager l'imagination de plus en plus, ne considérons même le monde des esprits que comme correspondant & parallèle à ce seul monde des corps. Cela posé, on conçoit fort bien qu'à l'occasion d'une figure empreinte sur la rétine, la figure correspondante du monde des esprits se manifestera, & deviendra sensible : voilà une *vision sensible*. Si l'ame, de son propre mouvement, & sans attendre l'occasion des images ni des traces, prend l'essor, & se va promener dans le monde intelligible : voilà des *visions mentales*. Et si elles font une certaine impression sur l'ame; le cerveau, à cause de l'union, en ressentira le contre-coup, il s'y formera des traces répondantes aux idées, qui à leur tour, à cause de l'union, renforceront la vue de l'ame : voilà *des imaginations*. Enfin, si ces traces sont formées avec une certaine violence, qui égale les impressions qui viennent de la rétine, ce sont *des délires & des visions* telles qu'ont les personnes folles & hors d'elles-mêmes.

Tel est donc le coup-d'œil du *sistême des milieux*. Le soleil en tournant sur lui-même, met en vibration tous les ordres de la matière éthérée. Ceux-ci communiquent leur cadence au fond des yeux; & si ces yeux sont actuellement tournés vers le soleil, tous ces ordres forment sur la rétine une image circulaire matérielle, que l'ame ne voit pas encore : mais le chatouillement de cette image ou l'agitation de tous ces milieux parvenant aussitôt à l'origine des nerfs ; l'ame, à cause de la double union aux *milieux* matériels & au *milieu* intelligible, au corps & à la Raison, est affectée d'un cercle intelligible de telle grandeur, & voit ce cercle. Si tous les milieux matériels agissent ensemble, le cercle est blanc. Si tel ordre agit seul, le cercle a telle couleur. C'est-à-dire que le cercle intelligible est apperçu diversement selon la diversité de l'occasion matérielle. Il en est ainsi de la vision sensible de quelque objet que ce puisse être.

On croit assez communément que tout l'usage de la Raison consiste à raisonner : mais on voit ici que ce n'est que par elle que nous appercevons tous les objets ; que ce n'est qu'en qualité de raisonnables que nous voyons notre chemin, & qu'un être qui ne seroit point uni à la Raison comme nous, eût-il cent yeux, ne verroit point.

On voit encore que, quand on parle des bornes, des imperfections, des égaremens de la Raison humaine, il faut entendre tout ce langage de la *Raison éclairée*, c'est-à-dire de l'esprit de l'homme ou de sa faculté de raisonner : car il est sûr que la *Raison éclairante* n'est, ni imparfaite, ni sujette à l'erreur, puisque c'est la sagesse même de Dieu. Mais le soleil a beau briller au milieu des plus beaux jours, si nous n'ouvrons pas bien les yeux, ou si ces yeux ont des défauts qui les empêchent de bien voir. Si nous sommes négligens à bien regarder, si nous ne nous approchons pas suffisamment des objets, si nous sommes précipités dans nos jugemens, &c.; toute la lumière du soleil ne nous empêchera pas de nous tromper continuellement. Il en est de même de la Raison, du soleil des esprits. *Ubique, veritas, præsides omnibus consulentibus te, simulque respondes omnibus etiam diversa consulentibus. Liquidè tu respondes, sed non liquidè omnes audiunt.* August. Confess. lib. 10. cap. 26.

Voilà donc enfin ce sistême inintelligible & absurde, devenu palpable & tout clair. Loin de douter s'il est probable, on ne voit plus que lui qui le soit. On ne peut pas concevoir,
sans

sans lui, comment notre esprit apperçoit des choses nécessaires, infinies, indépendantes & éternelles. On ne peut pas concevoir sans lui l'infaillibilité des connoissances humaines, l'immutabilité de l'ordre ; comment il y a une morale fixe, une raison indépendante, un juste, un injuste absolu, une vérité, une fausseté, une loi naturelle & un droit qui ne dépendent ni d'aucune coutume ni des opinions des hommes. On ne peut pas concevoir comment nous connoissons la régle que Dieu doit suivre, ce que doivent penser les autres intelligences ; & en un mot, quelle est la régle que doivent suivre tous les êtres qui pensent. On ne peut pas concevoir comment nous pensons aux genres, aux espéces, &c. On ne conçoit ni la multitude des idées qu'on a à la main, ni la promptitude de ces idées à paroître & à disparoître ; ni cette admirable facilité, ni cette justesse inexprimable avec lesquelles elles nous représentent tant de choses en si peu de tems ; on ne conçoit point l'autorité ni l'efficace de nos idées. On ignore où résident les ames, & on dit mille absurdités en voulant les mettre dans les corps, &c.

La Métaphysique ordinaire est pleine de mystères. On y arrive à tout moment à des difficultés insolubles, comme à des espéces de culs-de-sacs. Tels sont, par exemple, le tems, l'origine des idées, l'union de l'ame & du corps, l'action prétendue des esprits sur les corps, & de la matière sur les esprits, & cent autres questions semblables qu'on devroit, ce semble, avoir vuidées avant toutes choses.

On fera voir, dans le Livre suivant, qu'on a la clef de toutes ces merveilles dans les principes qu'on développe; & on le fera voir par une méthode qu'on n'a pas employée jusqu'ici: on y verra que rien n'échappe à la véritable Métaphysique, & qu'il ne reste encore des mystères dans la Philosophie de l'Ecole, que parce qu'on tarde à bannir celle des Païens, dont on devroit pourtant se dégoûter à mesure qu'on avance, ne fût-ce qu'à cause de la stérilité & du peu de ressource de ses principes.

LIVRE TROISIÉME.
DE LA RAISON ET DE L'HOMME.

DANS tout ce que j'ai dit jusqu'ici pour soutenir cette opinion sur la nature de nos idées, je n'ai point insisté sur l'argument qu'on tire de l'impuissance des causes secondes, n'ayant pas voulu faire de digression, comme cela eût été nécessaire, pour développer suffisamment & pour établir cette impuissance. Cet argument étant néanmoins un des plus sensibles que l'on ait, & étant capable de convaincre & de persuader ceux qui ne l'auroient pas encore été, malgré toute la force de mes preuves; j'ai cru qu'il étoit raisonnable de profiter de ce renfort, & que c'étoit ici le lieu de mettre cette matière en tout son jour. Car, si je fais voir clairement que Dieu seul peut agir en nous ; que les causes secondes sont incapables de produire des effets réels, tels que le mouvement des corps, le mouvement des esprits; les modalités de quelque substance comme la douleur, ou autre perception, si on parle des esprits; la configuration, ou la figure, si on parle des corps, & le reste; il s'ensuivra.

Premièrement, que l'ame ne se pourra donner la perception d'aucun être, ni fabriquer aucune idée, toutes les idées étant *réelles*, c'est-à-dire, *des réalités*; ou si on l'entend mieux, *des choses*.

Il s'ensuivra, en second lieu, qu'aucune créature ne pouvant l'affecter, Dieu seul sera capable de la modifier, soit superficiellement, si on peut s'exprimer ainsi, par l'action légère d'une idée pure; soit foncièrement, pour ainsi dire, par une action violente qui pénétre le fond de son être, comme on est pénétré quand on *souffre*.

Il s'ensuivra enfin que nous serons unis immédiatement à Dieu seul, & que nous ne le serons proprement & véritablement qu'à *Dieu seul*: que puisque Dieu, ou la substance à laquelle appartient l'efficace, est en tout lieu; en tout lieu il y aura un Être auquel toutes les intelligences seront réellement unies, & qui par conséquent sera le *monde*, ou le *milieu* de tout ce qui pense.

Je vais donc tâcher de prouver que

les causes secondes *ne font rien*: que Dieu seul est cause efficace ; que les créatures ne sont *des causes* qu'en ce sens, qu'elles servent d'occasions pour déterminer *la vraie cause* à produire des effets réels. Le choc de deux corps, par exemple, est une occasion à Dieu de partager la force mouvante selon les régles du choc. Telle trace formée dans le cerveau est une occasion à Dieu d'affecter la substance de l'ame de telle façon, ou de telle autre ; & telle disposition de l'ame est une occasion à Dieu d'affecter la substance du corps, *& souvent aussi celle de l'ame*, de telle façon ou de telle autre.

Je vais prouver enfin que Dieu fait tout en tous ; que les créatures ne peuvent rien ; que tous les esprits créés ensemble ne sçauroient remuer un fêtu, ni se modifier eux-mêmes, ni s'affecter les uns les autres ; que les corps ne peuvent, ni se mouvoir, ni en mouvoir d'autres ; & que tout ce que Dieu en a créé, concourant ensemble à un choc, n'est pas capable de déplacer ce qu'il y a de plus mobile au monde, le moindre brin de paille, le moindre atôme.

J'expose premièrement le systême,

& je le fais considérer comme purement possible. Je prouve ensuite que c'est un fait; & je le prouve en deux manières : par des argumens généraux, qui sont également applicables à quelque créature que ce soit; puis par des raisons particulières, pour les différentes espéces connues : j'entends par-là, les esprits & les corps.

Quoiqu'il semble que je ne dusse traiter cette question des causes secondes, que par raport à ce sistême sur la nature de nos idées; je la traite ici absolument, & j'en tire toutes les conclusions qui se présentent naturellement, quoiqu'elles ne regardent pas les idées. C'est qu'il s'agit encore ici d'éclaircir une difficulté sur laquelle tout le monde a les yeux, & que j'espère que ma nouvelle méthode contentera certaines personnes qui croient qu'on ne peut pas accorder cette impuissance des êtres créés avec les principes d'une saine morale.

Au reste ce qui semblera ne point appartenir à la connoissance de la *Raison*, appartiendra à celle de l'Homme, qui est, pour ainsi dire, le complément à la connoissance de la Raison, & en même tems un des objets qu'on se proposoit dans cet Ouvrage. La connoissance du *Raisonnable* tient manifestement à celle de la *Raison*. Peut-on dire avoir fait connoître un pays, sans avoir parlé de ses habitans?

SECTION PREMIÉRE.

Nouvelle preuve de l'opinion proposée, par l'impuissance des causes secondes.

Définitions.

Un être, une cause est *efficace*, s'il y a une liaison, une connexion nécessaire entre un effet réel & l'acte de ce même être; quand il suit quelque chose de sa volonté, ou de son action par elle-même.

Un être est seulement *actif*, s'il n'y a une telle connexion entre aucun effet & son acte; quand il ne suit rien de sa volonté, ou de son action par elle-même.

Et un être est enfin *passif*, quand il est incapable d'acte; quand il ne peut former de désir.

L'être *efficace* agit & fait; l'*actif* agit,

mais ne fait rien ; le *passif* n'agit ni ne fait.

L'acte du premier est fécond par lui-même ; l'acte du second est stérile ; & le troisiéme n'a pas même d'acte.

Le premier & le second se ressemblent par l'activité ; le second & le troisiéme se ressemblent par l'impuissance.

Tout ce qui agit, agit en soi : car on ne peut pas sortir de soi-même. Mais il ne s'ensuit pas delà qu'on agisse sur soi-même. Dieu, en créant le monde, ne se modifie pas. Il agit cependant en lui-même, mais non pas sur lui-même. Donc, si sa volonté n'étoit pas efficace, ou s'il n'y avoit pas de connexion entre son action & le monde ; *il agiroit & n'agiroit sur rien.* C'est le cas des êtres qui ne sont qu'*actifs*. Et ce cas est tout-à-fait possible : car il se peut faire (cet exemple le prouve) qu'un être agisse sans agir sur lui-même ; & il se peut qu'il n'y ait aucune connexion entre un effet externe & l'acte de ce même être. Il est même cent fois plus facile de concevoir une non-connexion, qu'une connexion nécessaire. Bien plus, la non-connexion est la seule qu'on entende tout-à-fait : car *on ne comprend pas l'efficace*.

Il se peut donc faire qu'un être agisse, & qu'il n'agisse sur rien.

L'acte de l'être *efficace* se termine au-dehors, & il a rapport à un terme.

Celui de l'être seulement *actif* est un acte immanent, qui se termine stérilement dans la substance de ce même être.

La notion de l'être *passif* est la plus facile à saisir : celle de *l'actif* n'embarrasse pas non plus. Nous éprouvons l'activité en nous-mêmes ; & on n'est pas moins sûr de l'existence de ce qu'on sent, que de celle de ce qu'on voit.

Celle de *l'être efficace* est incompréhensible : mais telle est la bisarrerie de notre esprit, qu'il admet sans peine l'efficace où il n'y a nulle raison de l'admettre, & qu'il ne veut pas entrer dans le sistême d'une activité qu'il éprouve, parce qu'on n'y joint pas ce qu'il ne comprend pas ; ce qu'il ne peut ni sentir, ni connoître par aucune sorte de preuves.

Entrons maintenant en matière.

QUATRIÉME MÉTHODE.

Quand Dieu veut une chose, elle

s'enfuit : on sçait qu'il y a une liaison nécessaire entre les volitions de Dieu & les effets qu'il a en vue. C'est en quoi consiste sa puissance. Ses volontés sont efficaces. Il fait ce qu'il veut, par-là même qu'il le veut. Telle est la divine fécondité de ses désirs & de ses ordres.

Supposons à-présent que cette fécondité soit réservée à Dieu seul ; qu'en un mot toute autre volonté soit inefficace & stérile. Dieu seul remuera tous les corps. Seul il affectera les esprits. Lui-même il exécutera ses propres desseins & ses propres loix.

Les créatures intelligentes, comme *capables de juger*, & pour me servir de l'expression commune, comme *vivantes*, seront *maîtresses* & d'approuver & de désaprouver, ou d'adopter & de désavouer ce qui s'exécutera devant elles, & ce qu'elles éprouveront en elles-mêmes : mais elles ne pourront *rien faire*. Toutes elles agiront en elles-mêmes : * mais elles n'agiront ni sur elles-mêmes, ni sur quelque chose que ce puisse être.

Dieu agissant selon certaines loix, certaines volontés générales, sera déterminé par les causes appellées *occa-*

In se ipsis; non in se ipsas.

Sur la Raison.

sionnelles, comme les différens chocs des corps, les différens actes de nos ames, à faire tels changemens dans nous ou dans les corps. Ainsi nous pourrons éprouver en nous & des combats considérables & de grands changemens que nous aurons occasionnés, sans pouvoir les produire; & nous nous trouverons ainsi responsables de ce que nous ferons faire, comme si nous le faisions nous-mêmes.

Les efforts qu'on éprouvera, quand on voudra, par exemple, remuer quelque corps, seront des modalités pénibles de l'ame, par où Dieu lui fera sentir son impuissance & sa foiblesse, tandis qu'il agira pour elle & qu'il fera ce qu'elle croira faire.

Les esprits, soit en consentant à leur prémotion physique, soit en refusant de le faire, ce qui se réduit à consentir à une prémotion opposée, (car ils sont prémus en tout sens), *agiront* véritablement, poseront *de vrais actes*; mais des actes purement stériles, qui ne produiront aucun effet réel, qui ne modifieront aucun être, & qui n'exigeront aucune action divine, ni aucun concours pour eux-mêmes. *

J'ai parlé de prémotion; mais Dieu

* Cela s'expli- quera dâs la suite.

me préserve à jamais de la prédétermination de ceux qu'on appelle *des Thomistes*, & d'une prémotion efficace sur le consentement, comme sur la volonté. Je ne suis ni Thomiste, ni Janséniste, ni aucune chose en *iste* : mais je me sens prédéterminé invinciblement vers le bien, & vinciblement vers tel bien. *Invinciblement*, dis-je, vers le bien ; parce que, faute de prémotion vers quelque autre chose, on ne peut se laisser emporter qu'à celle-là seule qui méne au bien. Mais *vinciblement*, vers tel bien ; parce que la motion vers tel bien n'est jamais unique dans notre ame, puisque nous sommes mus vers tout bien; & qu'ainsi on peut consentir à une autre motion qui porte à tel autre bien, ou l'on peut même s'en tenir à la motion vague qui porte au bien.

C'est par ce moyen que notre ame peut suspendre son consentement; & gagner du tems, pour comparer les biens dont il s'agit. Elle peut, par ce motif, faire durer l'examen jusqu'à ce que l'évidence paroisse ; & l'évidence ne peut paroître qu'en faveur du vrai bien. Qu'elle pousse enfin l'examen jusqu'à ce point ,, ou non; dès qu'elle acquiesce à un parti, son consentement, en qualité de cause occasionnelle, fait prévaloir la motion qui porte à cela : mais on voit bien qu'il ne tenoit qu'à l'ame de favoriser une autre motion, & au lieu de se laisser emporter vers cet objet, de se faire porter vers un autre.

Voici donc tout l'ordre des causes : Dieu est *actif* & *efficace*. Les esprits créés sont *actifs* sans être efficaces. Les corps ne sont ni l'un ni l'autre. Dieu seul est *cause réelle* de tout, tant des êtres que des manières d'être. Seul *il fait le physique* & du bien & du mal. Les esprits créés sont des *causes morales*. Les corps ne peuvent s'appeller *causes*, en ce sens qu'un effet soit réellement d'eux, ni que l'on puisse les rendre responsables de quoique ce soit. Mais on peut bien les appeller *causes occasionnelles*, ce qui ne signifie qu'*occasions* ; parce que leurs chocs, leurs mouvemens, leurs figures, leurs masses, & le reste, sont des occasions à Dieu de varier son action de telle manière ou de telle autre. *Les actes*, les modifications, les substances mêmes des esprits peuvent avoir aussi ce même usage.

Aprés ce petit exposé, qui s'éclaircira dans la suite, il faut démontrer, si l'on peut, la réalité du sistême. On fera plus d'efforts pour l'entendre, quand on sera une fois bien convaincu de la nécessité de l'admettre.

J'en vais apporter plusieurs preuves; & dis d'abord que *l'efficace* est tellement propre de Dieu seul, qu'il ne sçauroit la communiquer, ni en revêtir aucun être.

Je ferai voir ensuite que si, par impossible, une créature l'avoit reçue, elle n'en feroit aucun usage, & qu'elle n'en pourroit jamais faire.

Ces deux preuves seront générales, & pourront s'appliquer à tout être. On en donnera ensuite de particulières pour les esprits & pour les corps.

Ire. PREUVE GÉNÉRALE;

Que Dieu ne peut communiquer l'efficace à aucun être créé.

Pour que les actes des créatures fussent *efficaces*, que faudroit-il? Qu'il y eût une liaison véritable entre leurs effets & ces mêmes actes; que ces effets fussent des effets réels, & qu'ils suivissent les actes, en vertu des actes mêmes : car s'ils suivoient en vertu d'une autre chose, la liaison ne seroit plus entre les effets & les actes, mais entre les effets & cette autre chose. Je me fais entendre par un exemple.

Pour que je fusse cause véritable du mouvement d'un de mes doigts, que faudroit-il ? Qu'il y eût une liaison véritable entre ce mouvement & mon acte ; que ce mouvement s'ensuivît en vertu de mon acte, & non pas en vertu d'autre chose. Or Dieu ne sçauroit mettre une pareille liaison *entre ce mouvement & mon acte* ; tout ce qu'il peut faire, *c'est de vouloir que ce mouvement suive mon acte* : c'est-à-dire donc que Dieu voudra ce mouvement après mon acte ; & en ce cas-là la liaison est entre la volonté de Dieu & le mouvement de mon doigt : car mon doigt se meut en vertu de l'efficace de son décret ; *ainsi des autres effets réels*. Donc toute la liaison que Dieu peut établir entre les actions des créatures & les effets qu'elles ont en vue, consiste à établir ces actions *causes occasionnelles* ou simples occasions pour déterminer l'efficace de sa volonté générale, par laquelle il veut tels effets après tels actes, &c.

En voici, ce me semble, une autre démonstration qui sera avouée de tout le monde. Si au lieu de mettre de la liaison entre les mouvemens de certains corps & les volitions d'un être créé, Dieu vouloit mettre cette liaison entre l'existence même de ces corps & les volitions de cet être, ensorte que ces corps existassent ou qu'ils n'existassent pas selon les désirs de celui-ci; ne voit-on pas évidemment que malgré l'établissement d'une pareille liaison, ces volitions ne sont toutefois que *des causes occasionnelles* ? C'est de quoi tout le monde convient : car tout le monde avoue qu'une créature *ne peut être créatrice* ; il faut donc avouer aussi qu'*elle ne sçauroit être motrice*.

Pour concevoir encore autrement que toute la liaison est entre la volonté de Dieu & les effets qu'on a en vue, non pas entre ceux-ci & nos actes ; imaginons que Dieu, au lieu d'avoir voulu que les effets suivissent nos actes, ait voulu qu'ils les précédassent : c'est le même établissement ; & il est certain qu'en ce cas les effets n'arrivent pas en vertu de nos actes, puisqu'il est bien sûr que nos actes n'ont aucune force avant que d'être.

Ou bien, imaginons que Dieu ait établi qu'il arrivât tout le contraire de ce que nous voudrions; il est clair qu'alors nos désirs ne seroient pas vraies causes de tels effets. Donc il est clair que Dieu fait tout, que toute la liaison se trouve entre sa volonté générale & les effets qu'on a en vue, non pas entre ceux-ci & nos actes.

Mais Dieu, direz-vous, peut établir que les effets s'ensuivent en vertu de nos actes : contradiction manifeste : car alors Dieu voudroit les effets, & ne les voudroit pas en même tems; il les voudroit, par le décret de la liaison qu'il veut mettre; & il ne les voudroit pas, par la condition de ne pas les produire lui-même. C'est comme si Dieu vouloit qu'un être existât indépendamment de lui; cette indépendance est chimérique.

IIe. Preuve Générale,

Que, quand Dieu auroit communiqué quelque efficace aux créatures, elles n'en pourroient faire aucun usage.

Un être existe avec sa manière d'être, parce que Dieu le conserve ainsi. Pour le faire exister autrement, il faut, & il suffit que Dieu le conserve autrement. Ainsi Dieu est toujours saisi immédiatement de toutes choses : il fait par conséquent toutes choses ; car *les conserver*, c'est *les faire*. Donc quand bien même les créatures auroient quelque efficace en propre, elles ne pourroient l'exercer sur rien : leur vertu n'auroit jamais lieu, & il faudroit, avec toute leur puissance, demeurer dans l'inaction, & laisser tout faire à leurs yeux. J'en donne un exemple sur les corps.

Le corps A existe en repos, parce que Dieu le conserve ainsi : pour le transporter de B en C, il faut & il suffit encore que Dieu le conserve successivement dans les différens lieux qui sont entre B & C : car il ne peut être nulle part que Dieu ne l'y conserve ; & si Dieu l'y conserve, dès lors même il y est. Donc la force mouvante n'est autre chose que *la force créatrice*, or si l'on veut, *conservatrice*, qui est la *volonté même de Dieu*. Cela posé, en quelque circonstance, de quelque manière qu'existe un corps, Dieu le crée & le conserve ainsi. Donc nul être n'est capable de changer sa figure, sa situation, la vitesse, si Dieu même ne le fait; donc aucun être créé ne peut rien sur les corps. Dieu en est constamment saisi; & on ne peut les avoir de ses mains, si je puis parler de la sorte.

Si Dieu ne veut remuer un corps, quelqu'autre cause qu'on suppose le vouloir; *on ne conçoit point* qu'il se remue. Si Dieu le veut mouvoir, on le conçoit remué, sans supposer ni le secours, ni le concours d'aucune autre cause. Donc nous devons rejetter les causes secondes, ou bien multiplions les principes sans nécessité, & renonçons à toute méthode.

Ce que je dis des corps est analogue à ce qu'il faut entendre des esprits; ainsi Dieu seul fait tout en tous. Donc quand bien même les créatures auroient quelqu'efficace en propre, cette vertu demeureroit sans exercice: donc toutes les créatures ne font rien. Dieu Créateur de tous les êtres, & Conservateur de toutes choses, leur est intimement uni; & étant ainsi plus proche de tout que quelque autre cause que ce soit, son efficace les prévient toutes, & ne leur laisse par-là rien à faire.

Il y a pourtant des Philosophes qui, avouant que Dieu fait tout, disent qu'ils produisent aussi les changemens physiques qu'ils veulent opérer dans le monde. Ils ont grand'peur, selon toute apparence, que l'action de Dieu ne suffise pas ; & comme pour plus grande sureté, ils mettent aussi la main à tout. Dieu donne dix dégrés de vitesse à un mobile qu'ils veulent lancer : mais pour ne pas trop s'y fier, ils les lui donnent aussi eux-mêmes. Défense à deux fois dix dégrés d'en faire vingt. En un mot Dieu ne sçauroit rien faire que ces Messieurs ne se mettent de moitié ; & cette société, dans leur langue, se nomme *concours immédiat*.

En vertu de ce beau concours, Dieu fait toutes choses, & les êtres créés font les mêmes choses que Dieu ; c'est-à-dire ils font des choses faites : bien entendu que les auteurs & les amis de ce sistême ne se soucient pas de l'entendre ; ce qui, selon moi, les débarrasse de ce qu'il a de plus difficile. Car pour ne l'attaquer que par ce seul endroit, comment concevoir, je vous prie, que Dieu produisant un effet, & d'une production à laquelle rien ne manque, il y ait encore lieu de supposer que la créature y fasse quelque chose ; ou, qui pis est, qu'elle fasse le tout, & que l'effet ne soit pas double?

Hé ! quelle preuve a-t-on de cette part qu'on attribue ici aux créatures? Il est bien évident que Dieu produit l'effet ; puisqu'il le crée & le conserve, & puisqu'il ne peut mettre de liaison entre l'acte d'une créature & ce même effet, sans produire l'effet par lui-même : ainsi il n'est pas surprenant que les Défenseurs du concours soutiennent que Dieu produit toutes choses. Mais pourquoi se mettre de la partie? Quand ont-ils éprouvé l'efficace qu'ils se donnent? Sans doute ils ne s'imaginent l'avoir qu'à cause qu'ils voient que les effets suivent régulièrement & promptement leurs actes. Ils souhaitent remuer leur bras : en même tems il est remué. Donc ce sont eux qui le remuent.

On leur pardonneroit peut-être une si étrange conclusion, s'ils ne sçavoient pas que Dieu le fit ; ou bien, s'ils ignoroient ce qui remue leur bras. Mais que sçachant que Dieu fait tout, & que Dieu est partant la cause de ce mouvement de leur bras, ils aillent encore conclure qu'ils le remuent eux-mêmes, & se croire la cause d'un effet dont ils connoissent déjà la cause; c'est ce que l'on ne sçauroit pardonner à des ignorans raisonnables, & bien moins le pourroit-on faire à des Sçavans qui se piquent de justesse.

Quelques-uns, en avouant qu'ils ne peuvent produire des êtres, disent qu'ils produisent des manières d'être: mais le même argument revient. Car modifier une créature, c'est la conserver autrement: puisque, pour qu'elle soit modifiée, il faut que Dieu la veuille d'une autre manière, & que si Dieu la veut, c'est lui-même qui la fait.

On voit donc par ces preuves générales, en premier lieu, que communiquer l'efficace, c'est communiquer le pouvoir de conserver & de créer. Ce qui est absolument impossible, Dieu ne pouvant se dépouiller de son souverain domaine, ni rendre les créatures Déesses, en faisant dépendre les effets d'elles, & en consentant de n'être plus le Dieu immédiat de toutes choses.

Ce qu'il y a de plus bisarre est que ces Messieurs, qui veulent que Dieu puisse communiquer l'efficace aux êtres créés, sont les premiers à soutenir que Dieu ne peut communiquer le pouvoir de créer. Mais, s'il communique l'efficace, ou s'il peut mettre une connexion véritable entre des réalités & mes actes ; je ne vois pas qui m'empêchera de créer. Si je veux un arbre, il existe par l'efficace de mon désir, &c.

On voit en second lieu que si, par impossible, Dieu avoit communiqué l'efficace aux êtres créés, ceux-ci n'en pourroient faire usage, par la nécessité qu'il y a que Dieu fasse toujours tout ce qui empêche toute autre cause d'avoir lieu, puisque tout étant fait, il ne reste plus rien à faire.

C'est-à-dire qu'afin que les êtres créés pussent exercer quelque efficace, il faudroit que Dieu premièrement eût pû la leur communiquer, & que secondement il eût pû s'en dépouiller lui-même. Deux absurdités bien égales ; une belle paire de chimères.

PREUVES PARTICULIÈRES.

N'y eût-il point d'argumens généraux qui prouvassent si invinciblement l'inefficace des causes secondes; on pourroit la prouver en détail, & faire voir, par des argumens particuliers à chaque espéce, que tous les êtres créés ne font rien, qu'ils n'agissent sur quoique ce soit; qu'il n'y a qu'un *seul principe de force, une seule véritable cause*, qui est l'Auteur de tous les êtres.

PREUVE POUR LES CORPS.

Les corps sont des *substances passives*; & il est à-présent, pour ainsi dire, de notoriété philosophique qu'ils ne se peuvent remuer eux-mêmes, ni se donner conséquemment aucune modification : car toutes leurs modifications ne peuvent consister qu'en différens transports de leurs parties. Mais il est de la même évidence qu'ils ne sçauroient remuer d'autres corps, tant à cause de leur passivité, que faute d'intelligence & de sçavoir. Car pour mouvoir un corps, il faut déterminer la direction de son mouvement & le dégré de sa vitesse. Le corps qui le mouvra, aura donc de l'esprit.

L'activité & l'intelligence manquent aux corps : ils sont bien éloignés d'avoir quelque *efficace*.

Ils n'en ont point sur-tout à l'égard des esprits, qui ne sont pas proportionnés

tionnés à leur prétendue faculté, non plus qu'un *son* à celle de *l'œil* ; ce qu'il seroit inutile de prouver plus au long. Il semble donc que les corps *ne peuvent agir*, ni sur eux-mêmes ni sur d'autres êtres.

Si nous voulons passer du droit au fait, nous remarquerons que les corps ne se remuent pas eux-mêmes : car ils ne sont jamais mus qu'étant poussés.

Nous pouvons remarquer pareillement qu'ils ne remuent pas d'autres corps : car on voit des cas où les corps donnent plus de mouvement qu'ils n'en ont. Donc ils ne le donnent pas comme *vraies causes*. Les cas où les corps donnent à d'autres moins de mouvement qu'ils n'en ont, quoiqu'il ne leur en reste plus, prouvent également que la force ne leur appartient pas, mais qu'elle dispose d'eux selon ses régles, & qu'elle n'est ni d'eux, ni en eux.

Si la force qui remue les corps n'augmente ni ne diminue en effet, mais seulement en apparence ; s'il ne s'en produit, ni ne s'en perd ; il est clair que la force d'aujourd'hui est encore celle du premier instant, l'action de Dieu lui-même.   M

Enfin les corps n'agissent que par leur mouvement. L'expérience nous le fait voir. Ils ne peuvent que transporter différemment les autres êtres. Or nous sçavons que les manières d'être, les modifications de notre ame ne sont pas *des transports locaux* : les corps n'en sont donc pas les causes.

Le bon sens même nous dicte que si un corps avoit quelque action sur d'autres êtres, ce seroit principalement sur d'autres corps : il n'en a point, comme on vient de le voir ; il n'en a donc sur rien.

Preuves pour les Esprits.

Les Esprits créés sont incapables de se modifier eux - mêmes.

Il y paroît assez par les sensations & les différens sentimens qu'ils éprouvent malgré eux, & qu'ils changeroient volontiers, s'ils pouvoient agir sur eux - mêmes.

Il est clair, par exemple, que les *réprouvés* ne se modifient pas eux-mêmes, de la manière qui fait leur peine; leur volonté ne pouvant être de souffrir éternellement, & ne pouvant agir que par leur volonté, ou parce qu'il y auroit connexion entre leurs désirs & leurs tourmens.

Il n'est pas moins clair que les *Saints* ne se modifient pas eux-mêmes, car ils seroient leur récompense & leur fin dernière à eux-mêmes; & c'est *Dieu seul* qui l'est.

Pour les *hommes*, ils éprouvent sans cesse que l'on agit en eux sans eux, & que leur volonté n'a aucune efficace pour se donner certaines modalités, ni pour se conserver celles qu'ils ont, ni pour se garder de quelques-unes qui leur surviennent sans qu'ils le veuillent.

Mais, du fait, remontons au droit; & voyons s'il est possible que nos esprits se donnent leurs diverses modalités, ou leurs différentes sortes de pensées: car tous les changemens de nos ames consistent en différentes manières de penser. *Voir*, ou *connoître*, *désirer* & *sentir*, sont trois manières de penser, & il n'y a que ces trois manières qui puissent donner occasion de chercher & d'examiner ce qui peut agir sur nous. Or ni nos lumières, ni nos mouvemens, ni nos sentimens ne sont de nous; nous ne les pouvons produire, nous les recevons; nous en sommes simplement *les sujets*, & nous ne pouvons en être *les causes*.

I°. Nos *lumières* ne peuvent être de nous: quand nous ne voudrions pas distinguer nos perceptions de nos idées, je dis toujours qu'elles ne sçauroient être de nous; car il est clair que pour pouvoir produire la perception de telle chose, il faut voir préalablement quelle est cette chose; sans cela, on ne peut sçavoir ce qu'on veut faire: c'est-à-dire qu'il faut connoître la chose, & en avoir par conséquent la perception déjà toute faite en nous. Donc nos perceptions précédent l'usage de la prétendue puissance de nos esprits; donc elles ne sont pas de nous.

II°. Ce n'est pas non plus nous qui produisons nos *mouvemens* proprement dits, c'est-à-dire le physique de notre volonté, de nos amours & de nos haines. Nous avons tous reçu de Dieu un mouvement invincible vers le bien, un désir irrésistible d'être heureux. Si nous aimons, c'est par cet amour-là. Si nous désirons, c'est par ce désir-là. Si nous nous déterminons, c'est par ce mouvement-là. Si nous résistons même à certaines motions; si nous suspendons notre consentement, c'est par ce motif-là : mais ce motif, cet amour, ce désir, ce mouvement n'est pas de nous. Il est en nous sans nous. L'usage arbitraire que nous en faisons est seul de nous. Pour lui, il nous vient d'ailleurs. Il ne dépend pas de nous de l'avoir, ou de ne l'avoir pas. Ce ne peut donc pas être notre ouvrage ; cela paroît évident. Et d'ailleurs, si nous le produisions, cet amour du bien, comment seroit-il invincible à l'égard de notre ame ? L'effet surpasseroit la cause ? Il tireroit de nous une force qui n'y est pas ? On sent que cela est absurde en toute manière, & que c'est encore autant à rabattre du mérite des esprits créés.

IIIº. Il ne se peut enfin que nous produisions nos *sentimens*. On peut les ranger en deux classes. Les uns préviennent notre connoissance, & nous surprennent absolument : les autres sont postérieurs à notre advertance, si je puis le dire, & se réduisent à deux espèces. Les uns nous viennent nécessairement & indépendamment de nous ; les autres dépendent de nous en un sens ; c'est-à-dire, il dépend de nous de nous procurer ces sentimens, & il dépend de nous de ne le pas faire.

Il est, ce me semble, évident que ceux qui nous surprennent ne sçauroient être de nous, nonplus que ceux qui nous arrivent nécessairement & involontairement, quoiqu'ils suivent nos lumières. Quant à ceux qu'il dépend de nous d'éprouver ou de n'éprouver pas, on ne peut pas conclure de cette liberté que nous en soyons les vraies causes; il s'ensuit seulement que nous connoissons le moyen d'engager Dieu à agir en nous, qu'il ne faut, par exemple, qu'employer telle cause occasionnelle pour déterminer la cause générale à affecter notre ame de telle ou de telle sorte. Mais il ne s'ensuit pas que ce soit nous qui nous affections en ce moment: on devroit plûtôt conclure de-là que nous n'avons nul pouvoir en ce genre; puisque, hors de cette occasion, nous ne pouvons nous procurer ces sentimens, bien moins encore nous les donner, & qu'il semble que nous le dussions, si l'efficace nous étoit propre & si nous l'avions en nous-mêmes.

D'ailleurs, pourquoi les sentimens de cette dernière espéce auroient-ils une cause différente de celle de toutes les autres ? Pourquoi multiplier les êtres sans de bonnes raisons ?

Et comment *agir sur soi-même, tandis qu'on ne se voit pas*, & que, faute d'idée de son essence, on ignore & de quelles modifications on est précisément susceptible, & ce qu'il faut faire pour se les donner ?

L'ame, avant que d'avoir éprouvé telle modification ou telle autre, ne sçavoit nullement qu'elle en fût susceptible : comment se fût-elle donc avisée de se modifier de la sorte ?

Une autre chose qui semble encore prouver que nous ne nous donnons pas nos modifications, celles mêmes qui sont postérieures à la connoissance de notre ame, c'est que ces modifications dénotent une cause commune, uniforme, générale, qui agit de la même manière dans les mêmes circonstances ; au lieu que si elles dépendoient de causes particulières, elles devroient varier selon la nature, les intérêts & les caprices de ces mêmes causes.

Aureste, pour qu'un esprit fût capable de modifier la substance & d'agir sur lui-même ; il faudroit que sa substance dépendît de cet esprit, & que ce ne fût plus un *être simple* : car ce qui modifieroit en lui, & ce qui seroit modifié, si je ne me trompe, seroient deux êtres. *Ce qui souffre*, ce me semble, & *ce qui fait souffrir*, ne peuvent pas être le même.

Dans les souffrances involontaires, cela est bien certain. Dans les volontaires, la vraie cause & les causes occasionnelles agissent ensemble ; &, dans cette simultanéité, celles-ci se confondent avec celles-là : mais cette confusion, comme l'on voit, ne peut rien prouver.

Si les esprits créés, dira quelqu'un, ne se modifient pas, on ne conçoit plus qu'ils puissent être *libres* : comme si Dieu n'étoit pas *infiniment libre*, sans se modifier ni agir sur lui-même ! Dieu agit librement, & n'agit point sur sa substance ; il ne dépend pas de lui-même. Donc un être peut agir & être parfaitement libre, sans agir sur lui-même.

Enfin on ne peut dire que les esprits puissent se modifier eux-mêmes, sans reconnoître que leur bonheur & leur malheur actuel dépendent d'eux, & sans autoriser en nous un amour absolu de nous-mêmes ; car si la puissance nous est propre, nous n'avons véritablement d'obligation qu'à nous-même. On aura beau dire que ce pouvoir sera reçu de la main de Dieu : dès qu'il nous est propre, c'en est assez ; voilà son origine effacée : tout ce qu'il produit nous appartient en propre ; il est de notre propre fonds. Il est absolument à nous ; comme on convient que nos péchés le sont, quoiqu'on sçache que la liberté ou le pouvoir de les commettre soit un don de la main de Dieu. Le pouvoir de pécher nous est propre : dèslors on oublie d'où il vient. Nous ne devons nos péchés qu'à nous-mêmes : & nous ne devrions pareillement nos biens & nos maux qu'à nous-mêmes.

Un esprit créé n'en peut modifier un autre.

L'esprit de l'homme ne le peut toujours pas, puisque les autres esprits sont invisibles pour lui, & qu'il n'en a pas même d'idées.

Mais la proposition est générale, & nul esprit n'en peut modifier un autre. Cet autre ne dépendant pas de lui, mais de Dieu seul, il ne peut jamais agir sur cet autre ; c'est le droit de Dieu seul.

Vous direz peut-être que Dieu pourroit subroger quelqu'un dans ses droits, & donner le pouvoir à un esprit d'agir sur les autres, &c. Mais c'est la même chose que si vous disiez que Dieu pourroit se dépouiller de son souverain domaine, & permettre un amour absolu, un culte absolu d'une chose créée; ou qu'il peut, en partie, nous dispenser de son premier Commandement. Car toute vraie cause ayant un vrai mérite, si on peut s'exprimer ainsi, on lui doit véritablement & de l'amour & de la crainte, selon le cas; & nous ne devons pas nous restreindre à n'aimer & à ne craindre que Dieu seul, s'il y a encore quelque autre *vraie cause*. Voici comme je le prouve, car il y a des gens qui s'imaginent que ces conséquences sont outrées.

On aime, d'un amour rélatif, une créature libre qui donne un consentement en notre faveur; parce que ce consentement lui étant propre & dépendant d'elle seule, on voit qu'elle veut notre bien. On l'aime, parce qu'on aime le bien; on a pour elle un *amour rélatif*. Mais si cette créature, outre son consentement, produisoit encore en nous le bien dont il s'agit, & le produisoit comme *vraie cause*, en sorte que l'efficace qui nous rendît heureux, lui fût aussi réellement propre que le consentement qu'elle y donne; alors elle seroit notre bien même, & nous l'aimerions pour elle-même: car Dieu n'est notre bien que parce qu'il en est *la vraie cause*; & nous ne l'aimons pour lui-même, que parce que nous aimons la félicité, ou la cause de la félicité, d'un amour absolu. Donc si une créature pouvoit être la vraie cause de notre bien, nous devrions l'aimer pour elle-même, & non point par rapport à Dieu, puisqu'il est inutile de remonter plus haut que la vraie cause.

On dira encore qu'il faut toujours remonter jusqu'à Dieu, parce que cette vraie cause est créée de Dieu. Mais la cause du consentement est aussi créée de Dieu; malgré cela, ce consentement lui est imputé à elle seule; on ne remonte point plus haut : ce qui est sensible principalement, quand ce consentement est un péché. Donc, quoiqu'une véritable cause soit créée de Dieu, si elle est aussi véritable cause de notre bien que du consentement qu'elle y donne, nous devons nous en tenir à elle également pour les deux, si l'un ne lui est pas plus propre que l'autre. Et si, malgré toute la justesse de ce raisonnement, nous concevons encore qu'*il faut toujours remonter jusqu'à Dieu*; c'est que nous avons beau nous tromper, nous voïons nécessairement que Dieu est la vraie cause de tout; & le même effet ne pouvant avoir plus d'une vraie cause, il suit de-là qu'une créature ne peut être la vraie cause de rien.

Les Esprits créés sont incapables de remuer les Corps.

Nos ames ne peuvent rien sur nos corps: car elles ne sçavent ni les chemins que tiennent les esprits, ni la distribution de ceux-ci, ni même leur existence, ni la méchanique nécessaire pour remuer les membres.

Il est aisé de pousser ce détail, & de prouver qu'il est impossible que l'ame soit la véritable cause de l'inflexion du petit doigt, des belles peintures de la rétine & de la magie des idées.

Ni l'ame, ni tous les Anges ensemble, ne peuvent remuer les autres corps. Il n'y a, peut-être, aucune Intelligence qui soit capable de supputer toutes les collisions nécessaires pour transporter le moindre insecte d'un bout de cette chambre à l'autre. Quel abîme de combinaisons, dans l'exécution des loix du choc ! Les mouvemens contraires se détruisent, la quantité absolue du mouvement augmente & diminue sans cesse ; & le centre de pesanteur commun à deux mobiles, conserve toujours la même vîtesse, avant & après le choc.

Si la quantité absolue du mouvement ne varie qu'en apparence, il faut sçavoir concilier cette apparence même avec une force toujours égale. Il s'agit d'observer, d'exécuter toutes les régles plusieurs millions de fois dans un clin d'œil. Il s'agit, encore un coup, de comprendre toutes ces choses, & de les pouvoir faire.

Or, il est certain premièrement que les ames des hommes n'y peuvent rien. Je suis même bien persuadé qu'aucun esprit créé n'est capable de s'unir aux corps, faute de proportion, ou plûtôt de rapport entre sa substance & celle des corps, comme je l'ai prouvé, ce me semble, au commencement du premier Livre. Que si un esprit créé ne peut s'unir aux corps, il ne peut pas les mouvoir : *c'étoit ce qu'il s'agissoit de prouver.*

<small>Voyez ce qui est dit de la spiritualité de Dieu, page 226. & suivantes.</small> Dieu, quoiqu'esprit, remue les corps : mais il le fait, comme Créateur, par l'efficace de la volonté par laquelle il les crée ; parce qu'il lui est indifférent de les produire permanemment, en un seul lieu ; ou successivement, en plusieurs lieux de suite. Et cela même prouve que les esprits créés sont incapables de les mouvoir.

Que reste-t-il donc aux esprits créés ? *Le libre arbitre*, la *liberté* ; la puissance qu'on a exposée, à l'entrée même de ce sujet ; le *pouvoir* d'approuver ou de désapprouver, une prémotion réelle vers tel objet particulier, ou vers tel autre. L'ame, en conséquence de son aveu ou de son désaveu, est poussée, arrêtée, détournée par l'amour du souverain bien (ou bien, par le motif de la félicité, si on veut l'appeller autrement), qui portant toujours vers le bien, prend toutes sortes de voies, au gré de l'ame.

Or ce pouvoir de l'ame est un *pouvoir réel*, en ce sens, qu'il est *vrai* ; mais cependant, pouvoir stérile, qui ne produit rien, qui ne modifie pas l'ame ; pouvoir enfin si propre de l'esprit créé, qu'il n'exige aucune action, aucun concours de la part de Dieu, pour l'émission de ses actes : mais il exige que l'action de Dieu précéde, & accompagne ces mêmes actes ; puisqu'il faut *sentir* avant que de *consentir*, & *pendant que l'on consent* ; auquel cas Dieu & l'esprit créé *agissent ensemble*, ce qui est aussi *un concours* en un autre sens. C'est ce qu'on va expliquer maintenant, pour contenter, s'il est possible, ceux qui ne sont pas encore satisfaits de tout ce qu'on vient de dire.

Ce pouvoir est un *vrai pouvoir*. Car premièrement *nous le sentons*. Nous avons un témoignage intérieur de son existence en notre ame. Ma conscience m'apprend que je suis libre ; que je suis le maître d'approuver, ou de désaprouver chaque mouvement particulier qui m'agite ; & on sçait que ce témoignage intérieur est une régle aussi infaillible, aussi indubitable que l'évidence.

Nous sçavons ensuite que nous méritons, par l'exercice de ce pouvoir, de vraies punitions & de vraies récompenses : ce qui prouve aussi manifestement que c'est *un vrai pouvoir*.

Enfin ses *actes* sont tous de nous; & c'est ce qu'il s'agit d'éclaircir. Je dis donc que si Dieu produisoit ces actes en nous, ou s'il y concouroit, (car c'est toute la même chose) il pécheroit comme nous : car il consentiroit comme nous. Si Dieu, par exemple, concouroit au consentement d'un démon, pour produire un acte de haine de Dieu; je dis que Dieu se haïroit lui-même, qu'il produiroit ce consentement ainsi que le démon; ou bien, qu'il faut dire que le démon est seul auteur de cet acte; & on retombe alors dans ma pensée.

La distinction *de cause générale* & de *cause particulière* est inutile en cette rencontre : car une cause n'est plus *générale*, dès qu'elle se trouve détournée & déterminée à une intention particulière, *qui ne peut plus passer pour un cas de son intention générale*. Il faut bien prendre garde à ces termes. Car il n'en est pas d'un concours à un consentement comme d'un concours à un effet physique, tel que le mouvement d'un corps, ou le mouvement d'un esprit, &c. Dieu peut concourir à ceux-ci, & même en faire le tout, comme cause générale; parce qu'en faisant tout cela, il ne change rien à son intention générale de mouvoir les esprits vers le bien, & les corps selon les loix du choc. Son intention ne se particularise pas, par la particularité du cas où il peut agir, parce qu'*il est dans la même direction que la loi générale*: en voici un exemple.

Un homme en blesse un autre, d'un coup d'épée : Dieu en produit tout le physique, & l'homme tout le moral. L'homme a un dessein particulier, qui est de percer tel corps : Dieu n'a que le dessein général de garder les loix du choc. L'homme a une intention particulière, peut-être de se venger : Dieu n'a que l'intention générale, de mouvoir tout esprit vers le bien. Cet homme se fait un souverain bien de cette vengeance, il juge que cette vengeance est son vrai bien : c'est une erreur où Dieu n'est pour rien. Ainsi des autres vues particulières & des autres consentemens de l'homme ; & on conçoit fort bien que Dieu, en produisant le physique de toutes choses, conserve partout son caractère *de cause générale*; qu'il n'entre pour rien dans les intentions particulières, & qu'il n'a aucune part au moral.

Mais si on supposoit que Dieu produisît ces intentions particulières, ces abus de la cause générale, qui ne sont plus dans la direction de la loi générale, & qui sont hors de son intention ; il est bien clair qu'il dérogeroit à sa qualité de *cause générale*, & qu'il agiroit comme *cause particulière*. Car il y a contradiction qu'il produise, comme cause générale, l'abus même de cette cause.

La cause générale n'agit comme telle, que *quand elle agit par suite & en exécution de sa loi générale*. Or l'abus d'une loi générale ne peut pas être une suite & un cas de cette loi : ce qui est contre un principe général, n'en peut être un cas ni une suite. Donc si Dieu concouroit à cet abus, il feroit une action qui dérogeroit à sa loi générale. Il n'agiroit donc plus *par suite & en exécution de sa loi générale*; il n'agiroit donc plus *comme cause générale*.

En un mot, ne pouvant y avoir aucune loi générale dont un mauvais consentement soit un cas ou une suite, car un mauvais consentement est un abus; il s'ensuit que la cause générale ne peut avoir lieu dans nos consentemens.

Si Dieu produisoit, comme cause générale, l'acte par lequel nous abusons de sa loi générale; cet abus seroit aussi bien de lui que tous les autres effets naturels qu'il produit, comme cause générale. L'amour du bien en général ne seroit pas plus formellement de lui, que l'abus qu'on fait de cet amour. Et comme il s'aime véritablement en produisant en nous l'amour du bien, il se haïroit aussi formellement en produisant avec un démon un acte de haîne de Dieu : car outre le physique de cette haîne, qui n'est qu'un mouvement d'amour dont Dieu même est l'auteur, & que ce démon par abus transforme en acte de haîne; Dieu produiroit aussi cet acte d'abus, cette transformation, & partant seroit tout aussi bien l'auteur de l'abus même que de l'amour dont on abuse. Il en seroit de même de tous nos péchés & de toutes nos erreurs. Les actes par lesquels nous péchons, par lesquels nous nous trompons, par lesquels enfin nous abusons de Dieu & de ses loix générales, sont donc absolument de nous seuls. Ces actes sont, en un mot, tout le moral & la malice même, prise de notre part, qui ne peut être que de nous.

D'ailleurs l'action de Dieu n'étant pas la nôtre, & ce qui n'est pas de nous n'étant pas *nôtre*; ce que Dieu feroit dans notre consentement, ne nous regarderoit point. Ce ne seroit pas là notre consentement. Notre consentement est ce que nous faisons nous-mêmes; en un mot, ce qui est de nous. Donc on perd son tems à supposer que Dieu concourre à nos consentemens ; puisqu'après l'avoir supposé, il s'ensuit encore comme auparavant que notre consentement est tout de nous.

Voici donc trois réfléxions qui me paroissent fort nettes.

I°. L'acte par lequel nous abusons de l'action de la cause générale, par exemple de l'amour du souverain bien, ne peut être un cas ni une suite de la loi générale en exécution de laquelle Dieu nous meut vers le bien. Cet acte n'est pas dans la direction de la loi générale, il est hors de l'intention de la loi générale. Donc la cause générale qui exécute cette loi, ne peut, en qualité d'exécutrice de sa loi générale, produire l'acte par lequel on abuse de cette loi. Donc cette cause générale ne produit point les actes de nos consentemens, qui sont quelquefois des abus énormes des loix générales de la nature.

Le physique de nos mauvaises actions est un cas de la loi générale, *il est dans la direction de la loi générale* : mais notre consentement demande un autre principe, il est tout étranger à la loi : & quand il est mauvais, par exemple, il est clair qu'il n'est pas compris dans l'intention générale. C'est donc un cas qui survient, & qui est comme de dehors ; un incident qui trouble, autant qu'il peut, le cours général ; qui rebrousse la loi, pour ainsi dire, bien loin d'en être une suite. Donc la cause générale, comme telle, ne peut pas produire nos consentemens.

II°. Si elle les produisoit comme cause générale, ils seroient aussi réellement & aussi formellement d'elle, que tous les autres effets naturels qu'elle produit comme cause générale. Donc Dieu consentiroit formellement aux choses auxquelles nous consentons.

III°. Si Dieu produisoit nos consentemens, ou s'il y concouroit ; ce que Dieu y feroit n'étant pas ce que nous y ferions, & n'y ayant que ce que nous faisons qui soit *nôtre*, Dieu auroit part à notre consentement, & n'y en auroit point. Il en auroit, par la supposition ; il n'en auroit point par cette raison que ce qui seroit de lui ne seroit pas nôtre.

On ne peut donc dire, en aucune manière, que la cause générale entre pour rien dans notre consentement. Donc notre consentement est tout de nous ; c'étoit ce qu'on avoit à prouver.

On voit par-là la nécessité de distinguer le consentement de la volonté, & que tout ceci ne s'est embrouillé que pour avoir confondu ces deux choses.

On voit aussi que Dieu opérant tout le physique de nos actions, tandis que nous en faisons tout le moral ; on peut dire *qu'il concourt avec nous*, puisque nous agissons ensemble.

Enfin ne pouvant y avoir lieu de donner ni de refuser notre consentement, qu'auparavant & en même tems nous ne soyons mus & déterminés vers quelque objet ; car il faut *sentir avant, & pour qu'on puisse consentir* ; on voit que nous dépendons de Dieu dans nos consentemens, plus qu'on ne le feroit selon le systême du *concours immédiat*. Car, dans ce système, Dieu concourroit avec la volonté de la créature; & ici cette volonté est *toute* de lui. Outre cela, il concourt encore à notre consentement, puisqu'il est impossible ni de donner ni de refuser ce consentement, qu'au préalable & en même tems Dieu ne nous meuve. Mais revenons à *l'acte* de notre consentement.

Un tel acte n'est donc rien de réel. Ce n'est pas quelque chose de physique, comme par exemple, le mouvement dans lequel consiste la volonté, ou comme la douleur, ou le plaisir : car toute réalité est l'ouvrage de Dieu seul. On va mettre ici un exemple qui éclaircira toutes ces choses.

Si une boule mise en mouvement est maîtresse de sa *direction*, sans l'être de son mouvement même, ni de sa figure extérieure, ni de la configuration de ses parties, ni de la grandeur de sa masse; & si elle se fait détourner de B. vers A., cessant de consentir au mouvement vers B., & commençant à consentir au mouvement qui porte vers A. (on suppose que le mouvement ne lui manque pas en tous les sens); *elle agit* véritablement; elle exerce le pouvoir qu'elle a: mais ce n'est qu'un pouvoir stérile; car il ne produit, ni la figure, ni le mouvement, ni la masse; & ces choses demeurant les mêmes, il n'a aucun effet réel. Car le changement apporté à la direction de la boule n'est qu'une *modification de sa rélation* au dehors, qu'on ne sçauroit traiter *de quelque chose*. Ce n'est pas une *réalité* que la *rélation* même: la *manière* d'être de la rélation sera donc encore bien moins réelle. Deplus, il ne faut pas attribuer ce changement même à la boule. Elle *le fait faire*, par son mouvement: elle ne le fait pas. *Elle consent* qu'il se fasse; elle le *laisse* faire.

Ainsi l'ame fait-elle modifier la rélation, par exemple, *à l'ordre*, changer son rapport à l'ordre, par son mouvement vers le bien. Mouvement réel, je l'avoue; mais qui, pour cela même, n'est pas d'elle.

Donc la boule & l'ame *ne font rien*. Elles posent un acte stérile, qui malgré sa stérilité, est un signal à Dieu, une *occasion* d'agir en elles, de telle façon ou de telle autre.

Quant à ce qu'on pourroit objecter, qu'on ne conçoit pas bien clairement

clairement ce que pourroit être ce pouvoir de se faire détourner d'un objet vers un autre, si son acte n'étoit pas une manière d'être de l'ame aussi réelle que le plaisir, la douleur, la joie & le reste; on répondroit:

En premier lieu, que faute d'avoir l'idée de l'ame, on ne devroit point voir clairement ce que seroit ce pouvoir, qu'il suffiroit de le sentir; puisque par la voie du sentiment on seroit aussi sûr qu'il fût en nous, qu'on seroit sûr qu'il fût possible par la voie des idées claires.

On répondroit, en second lieu, qu'il ne seroit nullement nécessaire que son acte modifiât l'ame, comme le plaisir, ou la douleur, 1°. parce que l'action de Dieu ne change pas l'être de Dieu; donc un être peut agir sans se modifier. 2°.: parce que, sans modifier l'ame, cet acte peut servir *d'occasion* & de signal à la vraie cause, comme on l'a dit, & comme on va le dire.

Jugeons de la réalité de cet acte par celle de l'effet qui s'ensuit: car il est sûr que l'effet mesure la cause. Or quel est donc l'effet de l'acte par lequel on trouve bon ou mauvais qu'une telle motion prévaille dans l'ame? Ce n'est rien de réel, sans doute. Les motions qui tentent l'ame, qui lui proposent de la porter, qui lui offrent leurs services, pour ainsi dire; ces motions, dis-je, sont réelles. Mais le *oui* ou le *non* que l'ame prononce entr'elles, n'est point un être. C'est un vrai acquiescement: mais sa *vérité* n'en fait pas une *réalité*. Un *vrai* rapport d'égalité entre une aulne & du drap, n'est pas un *être*. Et l'acte de notre consentement n'a pas besoin d'être plus réel que le rapport d'égalité d'entre une aulne & du drap. C'est-à-dire, cet acte n'a pas besoin d'être une modalité physique qui change l'être de l'ame, comme la douleur ou le plaisir. Sans être tout cela, il peut servir *d'occasion* à la vraie cause pour agir d'une façon ou d'une autre, soit sur nous-mêmes, soit sur les corps. Car un rapport d'égalité d'entre une aulne & du drap peut servir de signal, quoiqu'il ne soit pas un être. Nos actes le peuvent donc bien aussi; & ils n'ont rien de plus à faire.

Mais qu'est-ce donc que la *liberté*, distinctement & en deux mots? C'est *le pouvoir de vaincre les prémotions particulières qui nous portent à tels ou à tels biens.* Elle gît dans la vincibilité de nos prémotions particulières, rélativement à l'état présent du principe actif qui est en nous. Elle résulte de la combinaison de nos prémotions particulières & de l'état actuel du principe actif que chacun se sent en lui-même. Donc elle est aussi extérieure qu'intérieure à l'ame; en effet quelquefois elle se perd, & on ne conçoit point que l'esprit perde, ni ses propriétés, ni rien de sa substance.

Il n'y a que Dieu en qui la liberté soit entièrement intrinséque; car, ne recevant point d'impression d'ailleurs, il est à lui-même le principe de ses déterminations. Il est infiniment libre. Il a cette indifférence active dont quelques-uns nous veulent honorer, & qui ne convient à aucune créature. Toute créature a son mouvement d'ailleurs. Nous avons une impression invincible qui nous porte au bien, impression dont le principe est l'objet même auquel elle tend; le souverain bien, Dieu lui-même. L'effet de cette impression en nous fait notre volonté, qui, quant à la substance, ne dépend pas de nous; mais quant à la direction, il est très-vrai qu'elle en dépend. Cette impression nous porte à notre gré, en conséquence de notre aveu ou désaveu, vers tel bien ou tel autre, vers le sensible ou vers le raisonnable, *vers le vrai ou vers le faux*. Et ce qu'il y a en nous qui aprouve ou qui désaprouve qu'on le porte ainsi, & qui par ses divers signaux est cause du bien & du mal moral, est ce que j'appelle le *libre arbitre*.

Or ce principe actif n'a lieu de s'exercer que quand il est prévenu par quelque motion: il faut *sentir* avant que de *consentir*. Et c'est ce que l'on éprouve en soi. Car on ne peut rien vouloir de particulier sans motif; on ne peut préférer une chose à une autre sans motif; on ne peut prendre aucun parti sans motif; on ne peut suspendre son jugement sans motif; c'est-à-dire, sans y être prému. Mais étant prému vers tout bien, on a toujours à choisir entre les motifs; & aucun des biens créés n'étant le souverain bien, aucun d'eux n'est capable d'absorber tout le mouvement que l'on a. Ainsi il reste toujours de quoi aller ailleurs, & partant on est toujours *libre*, à l'égard des biens particuliers.

Il est cependant vrai que depuis le péché, les biens sensibles nous déterminent plus fortement que les biens raisonnables; & que l'homme devenu charnel a perdu certains droits dont la perte est à l'avantage de la concupiscence. De sorte qu'aujourd'hui les biens sensibles nous touchent plus que les biens de l'ame; qu'ils font trop pencher la balance; & que pour rétablir l'équilibre, & rendre la liberté aussi pleine qu'elle peut l'être, il faut joindre le poids d'une délectation aux biens spirituels, pour leur rendre la force qui leur manque & pour mettre *l'arbitre* en état d'être parfaitement *libre* dans ses jugemens.

Et voilà précisément ce que fait *la grace*, dont *la nécessité* est une suite de tout ce que nous venons de dire. Quant à *l'efficace* de la grace, on voit bien qu'elle est efficace (je dis, efficace par elle-même) sur la volonté qu'elle affecte : car elle se fait *sentir*; donc elle a *un effet*. Mais elle n'est jamais efficace sur le consentement par elle-même : car elle est donnée pour *rétablir*, & non pour *détruire* la liberté.

CONCLUSION.

Il n'y a peut-être pas de principe dans la Philosophie moderne, qui ait des conséquences plus favorables à la Religion Chrétienne, plus conformes à l'Ecriture Sainte, & enfin plus intéressantes que cette impuissance des causes secondes.

Dieu seul pouvant agir en nous, seul peut nous faire & du bien & du mal : donc il est clair que nous devons n'aimer & ne craindre que Dieu seul. C'est le premier Commandement & le plus grand précepte de la Loi ; & on peut dire que ce sistême en est l'explication physique.

Tous ceux qui ont un peu tâché de prendre l'esprit de l'Ecriture, & qui ne se sont pas entêtés de la Philosophie Païenne, n'auront pas de peine à concevoir qu'il n'y a rien de si homogéne aux idées des Auteurs sacrés, que de représenter Dieu seul comme cause *efficace* ou *vraie cause* ; & de tenir les créatures sans mérite propre, sans efficace, sans force, sans puissance & sans gloire. Dieu veut partout la gloire de tout : n'est-ce pas dire partout, qu'il fait tout ? Il veut qu'on ne rende de gloire qu'à lui seul: il dit donc qu'il est *la seule cause*, & qu'il n'y a que lui à tout faire. *Solus… & nullus mecum.*

Je n'ai donc point en moi la force de remuer quoique ce soit. Je ne sçaurois courber un cheveu ; je ne puis mouvoir la langue pour dire un mot, ni lever le pied pour faire un pas. C'est Dieu seul qui agite & conduit cette machine, qui me la transporte tous les jours, dès que je le veux, où je veux.

Il n'y a donc *nulle force* dans les corps, ni force d'impulsion, ni force d'attraction. *La force mouvante* est l'action de Dieu, qui exécute lui-même les loix du choc.

Il faut remarquer en passant, qu'il est indifférent à Dieu, pour rendre un corps de B en C, de le conserver successivement dans tous les lieux d'entre B & C, ou immédiatement de B en C, sans le faire passer par *le milieu* ; ce qui fait voir l'inutilité *de la pénétration* qu'admettent quelques Philosophes, pour expliquer certains miracles qu'il valoit mieux laisser sans explications, que de surcharger de chimères.

Mais ne quittons pas notre sujet, &

voyons encore de plus près comme Dieu agit en nous. C'est lui qui, par les sentimens & les sensations qu'il nous donne, nous unit à nos corps, à nos amis, au monde ; forme les sociétés, les conserve ; lie toutes les conversations, transmet les idées, les affections, & intéresse dans un entretien des personnes qui se croient seules, & qui ne considèrent pas sans doute qu'elles ne se parlent que par truchement.

De ce que Dieu seul a l'efficace, & de ce que les êtres créés n'en ont point, on doit conclure aussi que c'est Dieu seul qui nous affecte par des idées, & qu'ainsi *c'est en Dieu que nous voyons toutes choses.* C'est donc Dieu qui, à tout moment, m'apprend la figure, la distance, le mouvement & la grandeur des corps ; qui peint sur ma rétine l'image des objets ; qui y écrit, en ce moment, ce que trace ma plume sur ce papier, ou plûtôt, ce qu'il y trace lui-même ; & qui, en conséquence des loix de l'union de l'ame & du corps, & de l'union de notre ame avec la sagesse qui est en lui, me donne en même tems les idées qui répondent aux différens traits qu'il enfonce de sa propre main dans la substance de mon cerveau.

C'est donc à Dieu seul qu'on est uni; car l'ame est sûrement unie à ce qui l'affecte & la touche. Or Dieu seul l'affecte & la touche, Dieu seul la conserve, la pénètre & agit constamment en elle: donc elle est unie à Dieu seul. Dieu est son élément & son monde, car elle habite *le monde idéal*, & elle est où sont ses idées. *Deo junctum est quod intelligit Deum*, (on ne le sçauroit trop répéter;) *intelligit autem rationalis anima Deum.* August. lib. 83 Quæstionum, quæst. 54. Et selon la même manière de raisonner, on peut ajoûter: *Causæ efficaci junctum est quod patitur; lumini junctum est quod videt: videt autem rationalis anima, & patitur; & solus Deus est lux, & causa efficax: ergò anima rationalis Deo juncta est.*

Sans cette union à la substance divine, les démons ne souffriroient rien. Il n'y auroit pas d'enfer. Il n'y auroit point de paradis. On ne sentiroit ni bien ni mal. On ne verroit rien, on n'aimeroit rien, on seroit mort; on ne seroit point. Ce qui est conforme à ce que dit l'Apôtre: *In ipso enim vivimus, & movemur, & sumus.*

Ainsi donc Dieu fait tout en tous, & n'est apperçu de personne. On s'attribue ce qui lui eſt propre. On le dépouille de ſes attributs, pour les diſtribuer aux créatures. Il n'eſt objet ſi mépriſable auquel on n'en accorde quelque choſe. Dieu ſeul eſt oublié. Le grand, le riche, le brutal, le ſuperbe s'approprient *la force & la puiſſance*. Le ſçavant le donne pour une *lumière*. Le libertin, le voluptueux croit devoir ſes plaiſirs aux objets qui les occaſionnent. L'honneur & la gloire dus à Dieu ſeul ſont à une eſpéce de pillage duquel tous les êtres remportent quelque choſe, hors celui auquel tout eſt dû.

On voit bien qu'un tel monde ne peut durer toujours; & que s'il ſubſiſte pour un tems, ce n'eſt que dans l'attente de quelque inſigne & épouventable révolution qui doit un jour, en vengeant l'ordre, établir pour toujours le régne de la Raiſon. Mais bornons nous, quant-à-préſent, à raiſonner ſur l'état où nous ſommes, & voyons ſi ce qu'on a prouvé peut etter du jour ſur quelqu'autre choſe.

SECTION SECONDE.
DE L'HOMME.

Si les principes qu'on vient d'expliquer sur *la Raison* & sur *les causes secondes*, sont solidement établis; il y a bien du mécompte dans la maniére dont pense & raisonne le plus grand nombre. Ce qu'on croit avoir prouvé dans cet Ouvrage est presque également éloigné & des préjugés du vulgaire, & des opinions de bien des Philosophes; & si on a rencontré la vérité, l'un est profondément dans l'ignorance, les autres bien avant dans l'erreur. Celui-là a beaucoup à apprendre; ceux-ci beaucoup à oublier. Mais il y a bien de la différence entre les dispositions de ces deux sortes d'esprits. Les ignorans peuvent s'instruire, & apprendre ce qu'ils ne sçavent pas. Le sentiment intérieur qu'ils ont de leur insuffisance leur inspire naturellement une raisonnable modestie; dèslors ils écoutent plus facilement, & le reste peut s'en suivre. Mais ceux qui ont beaucoup étudié se regardent comme habiles:

ils sont prévenus pour ce qu'ils sçavent. Il n'est plus tems de redevenir écoliers, & ils ont désormais plus d'une raison pour s'en tenir à ce qu'ils ont fait.

Tùm quia nil rectum, nisi quod placuit sibi, ducunt;
Tùm quia turpe putent parere minoribus, & qua
Imberbes didicère, senes perdenda fateri.
HORAT.

Laissons les donc dans leurs idées, & n'allons point, en finissant, commencer une dispute : parlons à ceux qui veulent entendre, & faisons leur jetter un coup d'œil sur l'étendue, l'universalité & la simplicité de ce sistême. Ils vont voir qu'en approfondissant & en développant peu de principes, on a donné une science complette, une Métaphysique toute entière; & qu'il ne reste plus ni obscurité, ni ambiguité, ni mystère dans les points que leur importance & leur difficulté tout ensemble ont rendus jusqu'ici les plus célébres. Reprenons tout simplement nos principes des *causes secondes & des idées.*

En méditant sur les idées, nous avons remarqué trois sortes d'êtres : *Dieu*, ou l'Etre infiniment parfait, qui existe nécessairement, que rien de distingué de lui ne sçauroit représenter, & qui représente tous les autres êtres : Un être étendu en longueur, largeur & profondeur, que Dieu peut créer, & que *l'étendue intelligible* renfermée en Dieu, fait connoître : Enfin nous avons fait réflexion sur nous-mêmes, & nous avons remarqué que nous étions des êtres particuliers, jugeans, raisonnans, consentans, doutans, &c., distingués de l'Etre infiniment parfait, & distingués de l'étendue. Reprenons encore tout ceci.

L'Etre infiniment parfait est une *substance*. Il existe éternellement & nécessairement par lui-même, & son existence est toute démontrée dès que l'on pense à lui : car rien de créé, rien de fini, rien de distingué de lui n'étant capable de le représenter, il s'ensuit que si on y pense, il est bien clair qu'*il est*. La plus simple démonstration de l'existence de Dieu est donc celle-ci : *Je pense à Dieu, donc* IL EST.

Or il est sans difficulté que nous

sommes distingués de Dieu. Il est sans imperfections, & nous en sommes chargés. Il est essentiellement la sagesse, il est la justice, il est l'ordre; & nous, nous sommes désordonnés, insensés, méchans, & le reste.

Mais, quoique nous en soyons *très-distingués*, nous lui sommes *très-unis* ; nous *vivons* & nous *subsistons* par notre *union* avec cet Etre. Nous sommes éclairés de sa lumière, animés de son amour, touchés, pénétrés, modifiés par l'efficacité de sa substance.

C'est cet Etre, en tant qu'il est *le monde des esprits*, qui, par la présence immédiate de ses richesses sans nombre, rend l'esprit & l'imagination inépuisables ; qui nous rend capables *d'inventer*, de *nous souvenir*, ainsi du reste.

C'est cet Etre, en tant qu'*il est généralement* & universellement *tout Etre*, qui, par sa présence immédiate, nous rend possibles les idées générales de genres, d'espéces, &c.

C'est cet Etre, en tant qu'il est *un*, qui, par sa présence immédiate, nous fait concevoir l'unité dans les grandeurs, où nous sçavons qu'il n'y en a point.

C'est cet Etre, en tant qu'il renferme *l'ordre*, qui, par sa présence immédiate, fait cette lumière intérieure, cette voix *de la conscience* qui nous parle au fond du cœur, qui décide souverainement au-dedans de nous-mêmes ; ce vers rongeur.

C'est ce même Etre, en tant qu'il renferme *l'étendue intelligible*, qui, par sa présence immédiate, nous montre ces *espaces prétendus-imaginaires*, qui feroient la surprise des Philosophes, s'ils sçavoient en être surpris : mais ceux-ci semblent s'en tenir quittes, quand ils leur ont donné ce nom.

C'est ce même Etre, en tant qu'*éternel*, qui, par sa présence immédiate, nous donne l'idée du *tems* : car de même que, quand on attribue le mouvement d'un vaisseau au rivage, on voit défiler celui-ci, *Terraque, urbesque recedunt*. VIRG. ; de même, quand l'ame, par un jugement semblable à celui des sens, attribue à l'éternité la succession des choses créées, l'éternité paroît se *succéder* continuellement à elle-même, & semble *s'écouler*.

C'est cet écoulement ainsi conçu qui fait l'idée du tems ; ainsi le tems, considéré en lui-même, & indépendamment des choses qui sont dans le tems, cette énigme qui a tant tourmenté St. Augustin (Confess.) & plusieurs autres génies; le tems, dis-je, c'est l'éternité même immédiatement présente à tous les esprits, & faussement jugée *successive*.

Enfin la présence immédiate & continuelle de ce même Etre, en fournissant la solution de plusieurs beaux problèmes, nous présente une infinité de merveilles qui nous passent & qui sont toutes en lui : il est donc clair, de plus en plus, que nous sommes distingués de cet Etre. Revenons à notre point de vue, & reprenons la suite de nos remarques.

Il est clair aussi que *l'étendue* est une *substance* : car Dieu la peut produire toute seule, sans produire autre chose avec elle. Mais elle n'est pas substance néanmoins dans le même sens que Dieu. Dieu peut exister seul, d'une solitude absolue, qui ne suppose rien ; d'une solitude indépendante, & qui n'a besoin d'aucun autre être. Voilà la notion de la *substance* éminemment prise ; de la *substance franche*, si on peut le dire. Mais il n'y a de *substance franche* que

Dieu seul. Les substances créées supposent l'être de Dieu. Elles n'existent que dépendamment de Dieu. Elles ont besoin de lui pour être. Aussi ne les peut-on concevoir comme existantes, qu'au préalable on ne conçoive *l'Être* ou la *substance* en général τὸ ὄν, que plusieurs personnes, faute d'habitude à de semblables discussions, prennent pour le fonds des êtres créés.

C'est pour cela, par exemple, que bien des gens refusent de reconnoître *l'étendue* pour une *substance*. Il y a, disent-ils, quelque chose dans l'étendue d'antérieur à l'étendue même, qui en fait comme la base: mais il est clair que ce *quelque chose* est l'être indéterminé, l'être vague, dont on vient de parler. Car il n'y a rien de si facile que de démontrer aux personnes de sang-froid & sans prévention, que *l'étendue* est une *substance*.

Quand on a l'idée claire d'un objet, il est facile de discerner si c'est une substance, ou une propriété, ou une modalité; si c'est un *être*, ou une *manière d'être*. Si c'est un *être*, c'est-à-dire une *substance*, son idée le représente seul, sans représenter autre chose avec lui. Si c'est une *manière d'être*, son idée ne le représente qu'avec cet *être*. On ne peut concevoir la *divisibilité* qu'avec l'étendue divisible, ni la figure triangulaire qu'avec une étendue figurée. Ce qui fait voir que non-seulement cette figure de triangle & cette divisibilité sont ou des propriétés ou des modes, mais que ce sont des modes ou des propriétés de *l'étendue*. Et de même, si l'étendue étoit mode ou propriété de quelqu'autre être; non-seulement il seroit impossible de la concevoir seule, mais son idée nécessairement ameneroit cet autre être. Or l'idée de l'étendue la représente toute seule. Dieu peut créer de l'étendue à l'infini, sans créer aucun autre être. Et quand je dis que l'idée de l'étendue la représente toute seule sans amener autre chose, ma preuve n'est pas précisément que je n'apperçois pas cette autre chose : ma preuve est que je vois clairement & positivement tout ce qui appartient à l'étendue. L'idée de l'étendue me représente ses trois dimensions, ou sa solidité. Je vois que les parties de cette solidité peuvent garder la même situation entr'elles, ou en changer; &

quand j'ai vu cela, j'ai tout vu. Il n'y a pas quatre dimensions de l'étendue : je le sçais positivement. Il n'y a pas de milieu entre changer de situation, & n'en changer pas : je le vois positivement. L'étendue sert de fondement à une infinité de manières d'être ; & toutes celles-ci se réduisent à donner à ses parties différentes situations, à les poser différemment les unes à l'égard des autres : je le vois positivement. Une ou deux dimensions ne peuvent subsister sans la troisiéme : je le vois positivement. Mais les trois ensemble n'ont besoin de rien : je le vois positivement. C'est donc par une preuve positive que je m'assure que l'étendue peut exister seule. Donc *l'étendue* est une *substance*.

Mais supposons, pour un moment, un être antérieur à l'étendue, qui en soit comme le fonds, & raisonnons encore une fois. Quelque fonds que l'on veuille supposer d'antérieur à l'étendue, il faut nécessairement qu'il soit tel que l'étendue ou en résulte actuellement, ou en puisse résulter ; qu'elle en coule actuellement, ou qu'elle en puisse couler : or l'étendue ni ne résulte, ni ne peut résulter visiblement que de l'étendue; car ce qui ne seroit pas étendu ne pourroit contribuer à faire de l'étendue, ne pourroit servir d'élément, de principe pour en faire. Donc l'étendue ne coule, ne résulte que d'elle-même; elle ne suppose rien d'antérieur; elle est principe. Donc l'étendue est une substance: *c'étoit ce qu'il s'agissoit de prouver.*

Quand Dieu voudra, repliquerez-vous, un fonds *inétendu* deviendra étendu.... c'est-à-dire que Dieu créera, produira de l'étendue quand il voudra; mais il ne la fera pas de cet inétendu. Dieu ne peut d'un esprit faire un corps: il peut détruire, anéantir l'esprit, & créer ensuite un corps; mais voilà tout. Il n'y a rien dans l'esprit qui serve à faire le corps; & un corps réciproquement ne se peut changer en esprit. Il en est de même de *l'inétendu.* Dieu peut l'anéantir, & créer de l'étendue, mais non pas en faire de l'étendue; c'est ce que voit tout homme qui voit clair.

Il ne se peut même qu'une portion d'étendue devienne plus grande qu'elle n'est. Dieu peut lui ajouter une nouvelle étendue, & puis c'est tout: car il y a contradiction que jamais un seul pied en fasse deux ; comment se pourroit-il donc faire que le néant même fît un pied ?

L'étendue est donc une substance ; elle peut exister seule ; c'est-à-dire, sans qu'il existe d'autres créatures. *On peut y penser sans concevoir rien de particulier, rien de déterminé, rien de créé avec elle ;* voilà la notion de la substance créée : mais non pas, sans rien concevoir absolument en même tems qu'elle. Cette dernière notion est celle *de la substance franche ;* & je crois avoir dit sur cela tout ce qu'il y avoit à dire.

Or il est encore sans difficulté que nous sommes distingués de l'étendue : car l'étendue intelligible, qui nous représente l'étendue créée, nous apprend ses propriétés, & nous fait connoître les modalités dont elle est susceptible. Elle nous montre, entr'autres choses, que cette étendue *est purement passive*, & que toutes ses modalités se réduisent aux *différentes situations de ses parties*. Mais nous, nous sommes *actifs* ; & nos actes, comme nos jugemens, nos consentemens, nos doutes ne sont ni divisibles, ni figurés, ainsi du reste. Il n'y a pas, dans un consentement, une *superficie* & un *centre*. Un doute ne se peut attacher matériellement sur une table, un côté vers le septentrion, un autre vers le midi. Une joie, un sentiment, une tristesse n'est ni triangulaire, ni pentagone. Ces *manières d'être* sont néanmoins *notre être de telle façon*: donc notre être n'a rien de commun avec l'étendue. Il est indivisible, il est simple, &c. Nous cherchions une preuve; & en voilà une foule.

Nous sommes donc aussi distingués de la matière que de Dieu: & voilà déjà deux grandes questions que nous résolvons tout d'un coup; *la distinction de l'ame & du corps, & l'immortalité de l'ame*. Mais voici encore un nuage qu'il faut dissiper.

Nous ne connoissons point assez la matière, disent aujourd'hui nos Matérialistes, pour pouvoir assurer sans erreur qu'elle ne pense pas.

Je dis qu'on a raison d'objecter cela à ceux qui s'obstinent à ne pas déterminer l'essence de la matière. Mais quand cette essence est déterminée, quand on a démontré que la *mati*. est précisément *l'étendue*, alors l'obj.. tion n'a plus lieu; puisque sçachs ainsi les modalités dont *la matière* est susceptible, on est en état de décider que *la pensée* n'en est pas une.

Il y a, continue-t-on, des Matérialistes qui disent qu'il est même impossible de sçavoir métaphysiquement que *l'étendue ne peut penser*.

Je dis qu'on a encore raison d'objecter cela à ceux qui considèrent l'étendue comme une propriété ou une modalité d'un autre être : car si cet autre inconnu vient à *penser*, comme il n'est pas réellement distingué de l'étendue, celle-ci pense déja même.

Enfin si l'objection se fait aux Cartésiens, qui prouvent clairement que l'étendue est l'essence même de la matière ; je dis qu'alors l'objection est absolument ridicule : car dès qu'on fait voir que l'étendue est une substance, elle n'a plus ni propriété ni modalité inconnue. Celles-ci ne sont toutes que l'étendue de telle ou telle façon. Ce qui ne suppose aucune étendue, comme *la pensée* est étranger à la matière, & il n'y a plus lieu sur cela d'avoir le moindre doute.

Nos principes sappent donc les fondemens du Matérialisme, & font distinguer avec précision l'ame du corps ;

d'où l'on conclut facilement l'immortalité de cette même ame. Et chaque particulier peut raisonner ainsi : La matière peut exister sans moi ; je puis exister sans la matière. Mon corps n'a qu'à se dissoudre, se pulvériser, se dissiper ; il ne s'ensuit rien pour moi………… Cependant quelle est mon essence ? Que suis-je essentiellement ? Je ne me vois point ; je me sens. L'idée de mon essence m'est refusée. Mon Créateur a ses raisons : mais le sentiment intérieur est aussi infaillible que l'évidence. *Je sens* en moi des propriétés, des modalités qui m'assurent que je suis un *sujet* simple. *Je sens* que je suis le *principe* de mes délibérations, de mes consentemens, de mes jugemens, de mes raisonnemens, de mes doutes. *Je me sens* une ardeur invincible pour ma *propre* félicité, pour ma félicité *privée*, qui m'assure que je suis quelque chose d'isolé, de singulier, d'absolu, *une monade*. Dieu a peut-être produit d'autres créatures que moi : mais plus je me considère moi-même, plus je réfléchis sur mes lumières, mes modalités, mes mouvemens, (que je sçais venir de Dieu seul) : plus *je sens* que ces créatures ne ne me sont rien, & que mon existence ne suppose que celle de Dieu. *Principe* d'actions, *sujet* de modalités, *monade indépendante* de tout être créé, je suis une *substance*; cela n'est pas douteux. Je suis une substance, un être simple. Je ne suis susceptible ni de dissolution, ni de corruption physique, &c. Pour désigner tout cela par un seul mot, une telle substance s'appelle un *esprit*; & pour désigner encore par un seul mot toutes les opérations & passions de l'esprit, comme *connoître, vouloir, imaginer, sentir, délibérer, douter*, & le reste; tout cela s'appelle *penser*. Toutes ces actions & passions sont différentes pensées, c'est-à-dire diverses manières d'être de la *substance pensante* ou *de l'esprit*.

Je sens que ma *vie* consiste à *penser*. Si j'étois sans action ni passion, sans témoignage de conscience, sans réflexion, sans pensée ni particulière ni même vague; je conçois que je ne vivrois plus, ou que je ne serois plus.

Il est sûr que je *pense* toujours. Je désire la félicité aussi continuellement qu'invinciblement. Il n'y a pas un moment où il me soit indifférent d'être heureux, ou de ne l'être pas. Je ne désire néanmoins cette félicité qu'au préalable je n'y pense. Ce mouvement est dirigé par quelque lueur. Il est donc sûr que, soit distinctement, soit confusément, je vois toujours quelque chose. Il est donc sûr que je pense toujours.

Je sçais qu'il m'est essentiel d'habiter l'élément des esprits, d'être immédiatement uni à Dieu qui m'éclaire, qui m'anime & qui me touche sans cesse. Il ne m'est pas seulement essentiel de pouvoir être uni à Dieu ; il m'est essentiel d'y être uni : je ne subsiste que par cette union. Il ne m'est pas seulement essentiel de pouvoir aimer Dieu ; il m'est essentiel de l'aimer, comme de l'appercevoir en quelque sorte : car je ne puis avoir été créé sans cette impression ni sans cet objet, puisque Dieu *nécessairement* se rapporte tout ce qu'il fait, & dirige *essentiellement* toute faculté créée vers lui-même.

L'ame se définit donc beaucoup mieux une *substance pensante*, qu'une *substance pouvant penser*? C'est *la pensée substantielle*, qui se modifie continuellement en telle & telle pensée, comme l'étendue se modifie en telle &

telle étendue, en telle & telle figure.

On en vient donc, par nos principes, à connoître l'essence de l'ame. Nous allons faire voir qu'ils expliquent, avec la même facilité, tout ce qui embarrasse dans l'union de l'ame avec le corps. Revenons, encore une fois, au premier point de vue d'où nous avons remarqué trois sortes d'Êtres.

De ce point, nous nous voyons situés entre deux natures, dont l'une est infiniment au-dessus de nous, l'autre est infiniment au-dessous. De l'une nous tenons la lumière, le mouvement & la vie ; de l'autre, nous ne tenons rien. L'une nous conserve, nous modifie, nous affecte à son gré ; l'autre nous présente une inertie, une obscurité & une stupidité infinie, si on peut parler de la sorte.

En Dieu sont les idées, la Raison, la sagesse, la régle de tout ce qui pense. Il est le véritable, le souverain bien, la fin comme le principe de tout ce qu'il fait. Nous aimons de son amour ; nous sommes raisonnables de sa Raison ; nous existons par son action, parcequ'il nous conserve & nous soutient. Comme il ne peut agir que pour lui, il nous a créés pour le connoître, pour l'adorer, l'aimer, & garder *l'ordre*, &c.

L'étendue au contraire n'est rien de tout cela. Loin d'éclairer ou d'animer quelque chose, elle est toute ténébreuse, invisible & passive ; elle n'est capable ni de connoître, ni d'adorer, ni d'aimer Dieu ; elle ne peut ni honorer, ni blesser l'ordre, &c.

Enfin nous sommes unis à Dieu, d'une union naturelle & nécessaire : nous sommes en Dieu, il est notre élément, le milieu, le monde de tout ce qui pense : & au contraire nous ne sommes point unis véritablement à l'étendue ; nous ne sommes pas dans le monde des corps, &c.

Cependant nous dépendons des corps, d'une *dépendance positive* ; nous avons une liaison particulière avec une portion de l'étendue, que nous nommons *notre corps* : & comme nous sentons actuellement la réalité de cette liaison, sans en sentir l'origine ni l'histoire, c'est un mystère pour nous. Quel lien assemble deux substances si disparates ? Comment l'étendue affecte-t-elle l'ame ? Comment l'ame affecte-t-elle le corps? Comment, de deux êtres si discordans, se fait-il un seul tout? C'est ce qu'il s'agit de rendre palpable, & ce qui va faire une nouvelle preuve de la légitimité de nos principes.

Comme il ne seroit guères utile de convaincre l'esprit par des argumens sans réplique, si on ne l'éclairoit en même tems; & comme rien n'est plus agréable que de concevoir la manière, quand on se voit nécessité à admettre la chose; comme on admet enfin plus volontiers ce qu'on entend clairement, & ce qui est devenu familier par des exemples sensibles: tâchons d'abord de rendre intelligible notre sentiment sur l'union de l'ame avec le corps. Quand il sera bien entendu, nous en apporterons des preuves; puis nous en tirerons des conséquences qui nous éclairciront quelques autres poin's, qui piquent envain depuis longtems la curiosité de tout le monde.

Ceux qui faute ou de connoissance, ou d'attention actuelle, se confondent avec leurs corps, prenant sa substance pour la leur, & leurs sentimens pour les siens; ceux qui croient penser de la tête, entendre des oreilles, souffrir des doigts, aimer du cœur, ainsi du reste; ceux qui conçoivent l'ame répandue par tout le corps, pour le rendre *sensible* & *actif*, & enfin pour être le principe de sa *chaleur* & de sa *vie*; ceux-là, sans y penser, conçoivent *l'union de l'ame & du corps*. Car ils conçoivent ces deux substances comme n'en faisant qu'une; & sans doute on conçoit l'union de deux choses, quand on conçoit les deux comme *une*. Mais l'exemple suivant en donnera une notion plus achevée.

Ceux qui conçoivent la pesanteur comme une *entité* qui réside dans les corps graves, conçoivent cette entité-là actuellement unie à une pierre qui tombe du haut d'une tour; & la pierre ainsi pesante, ou regardée comme telle, peut être considérée comme une *personne* dont le corps est la matière même ou l'étendue de cette pierre; & l'ame, cette pesanteur ou cette entité quelconque qui précipite la masse vers le centre de la terre.

Que si tout d'un coup cette entité devenoit une intelligence, ayant un préjugé comme nous qui la portât à se confondre avec la pierre qu'elle meut; ensorte que celle-ci lui parut être formellement sa personne, comme notre corps assez communément nous semble être nous-mêmes; si on ne pouvoit ni affecter, ni modifier cette pierre, sans affecter, intéresser & modifier cette entité, *& réciproquement*: on concevroit entre ces deux êtres une *union* des plus étroites. Car en effet deux choses sont très-*unies*, quand on ne peut affecter l'une sans l'autre, & quand il y a une liaison ou une réciprocation entre tous les changemens de l'une & tous les changemens de l'autre; quand elles sont tellement *à l'unisson*, qu'elles se servent mutuellement *d'écho*, & que qui touche l'une fait jouer l'autre.

Donc, si on considéroit *le tout* que composeroient ces deux êtres, comme une troisiéme substance, une substance mixte, une *composition* substantielle; cet être, composé de deux, seroit censé *un seul*. Alors l'union dont je parle se pourroit fort bien appeller une *union substantielle*, ou une union de laquelle il résulte un *tout substantiel*, qu'il faut désormais regarder comme ne faisant plus qu'*un seul être*.

Il est clair qu'à l'égard de ce résultat mixte, chacune des substances composantes est véritablement *incomplette* : Car chacune a besoin de l'autre pour composer cet *être mixte*. La pesanteur est *incomplette*, sans une union actuelle à une masse qu'elle rende *grave*. Sans cela, ce n'est plus une *pesanteur*, c'est simplement une *force*. Et de même l'ame est *incomplette*, sans une union actuelle à quelque corps qu'elle *anime*. Sans cela, ce n'est plus qu'*un esprit*; ce n'est pas en effet *une ame*.

Il est clair aussi que la pierre n'étant d'elle-même qu'un corps, lequel ne s'embarrasse pas plus de descendre que de monter, n'est pas d'elle-même un *grave* : ce n'en peut être que la matière, où il est visible qu'il manque une *forme*. Donc on voit que la pesanteur est la *forme* du grave, ou *la forme de la pierre* regardée comme *un grave*. Ainsi l'ame informe-t-elle le corps regardé comme *un homme*. Mais de même qu'on parle bien plus juste en disant que la pesanteur est la forme *du grave*, qu'en disant qu'elle informe la pierre qui est un grave; on parleroit aussi plus juste, si on appelloit l'ame *la forme de l'homme*, que l'on ne fait en disant qu'elle est *la forme du corps*. Mais après tout, la pesanteur informe la pierre, quand on regarde celle-ci comme grave; & l'ame aussi informe le corps, quand on le regarde comme un homme. Or c'est ce qu'on fait toujours : car on prend habituellement son corps pour soi-même.

Enfin *la force* qui fait *la pesanteur*, est essentiellement propre à *informer* des graves. Et si Dieu étoit supposé n'avoir eu éternellement d'autre dessein que de la mettre à cela, s'il l'avoit toujours destinée à être unie à des corps, comme la nature d'une chose est d'être ce que Dieu l'a faite; la pesanteur seroit, *de sa nature*, par elle-même, ou de soi, *la forme* du corps grave. On pourroit dire qu'elle auroit *été créée pour informer* ces sortes de corps, & qu'elle *exigeroit* par nature & comme de soi *d'y être unie*. Ceci s'applique tout simplement à l'ame, qui étant regardée comme *ame*, dit un rapport essentiel au corps qui la fait *ame*.

On trouve déja dans cet exposé, tout ce que la Religion demande de nous sur ce sujet. On reconnoît toutes les expressions des Conciles & des Pères, & on pourroit s'en tenir là. Mais je ne puis m'empêcher de faire remarquer que ceux qui font tant sonner aujourd'hui les décisions des Conciles sur *l'union substantielle* & sur *la forme du corps*, n'en prennent pas bien le sens ; & que l'opinion que j'explique est non-seulement soutenable, mais que c'est même directement & manifestement la pensée de l'Eglise. Avec un peu d'attention, on en conviendra tout-à-l'heure.

C'est de tout tems qu'on est porté à attribuer au corps les sentimens de l'ame : on croit que ce sont les membres qui *souffrent*, les oreilles qui *entendent*, les yeux qui *voient*, &c. Car comme notre ame ne se voit pas, on ne la fait pas entrer en compte. Personne ne s'en avise. On ne songe qu'à ce que l'on voit. Et moyennant ce préjugé, c'est le corps qui fait tout. Que dis-je ? Notre penchant naturel, sans la Religion, seroit de nous confondre avec notre corps. Voilà notre personne ; voilà ce que nous sommes. Si nous pensons avoir une ame ; nous croyons véritablement que cette ame *est à nous*: mais nous ne croyons pas que ce *soit nous*. On ne croit pas, par exemple, que ce soit elle qui *voie*, qui *entende* ; qui ressente le plaisir, la douleur, la faim, la soif, &c. On croit enfin que le corps peut faire & qu'il fait réellement toutes ces choses. Or il est clair que s'il le peut, (je parle le langage du premier qui s'émancipa à contester que l'ame fût *la forme du corps*), il ne le peut que par *sa forme*. Donc le corps a *sa forme*, indépendamment de l'ame. Donc l'ame n'est pas la *forme du corps*. Que s'il faut croire qu'on ait une ame, il faut dire qu'elle préside au corps, comme un cocher à un char; qu'elle y donne quelques ordres, &c.; mais non pas qu'elle soit *unie à la substance* du corps, de façon qu'elle ressente ses coups, ses frottemens, ses fractures, tous les changemens qui arrivent à toutes les parties, qu'elle dépende de tous les ressorts, du plus petit filet & du plus petit nerf. Nous n'avons aucun besoin d'ame, pour sentir toutes ces choses. Le corps les sent fort bien tous seul. Nous voyons qu'il les sent ; & nous ne voyons pas d'ame : qu'est-il donc besoin de dire, conséquemment, que *l'ame soit la forme du corps?* Et d'ailleurs, pour que ce fût l'ame qui vît, qui sentît, & le reste, ne seroit-il pas nécessaire que la matière agît sur l'ame ? Or comment veut-on que cela soit ? &c.

Il est bien clair que c'est en ce sens qu'on a premiérement nié que l'ame fût *la forme du corps.* Les jugemens que nous inspire la dépendance où nous sommes de nos sens, le Matérialisme d'aujourd'hui, qui n'est qu'un réchauffé de l'erreur du vieux tems, en sont une très-bonne preuve. Système absurde, très-dangereux & digne des censures de l'Eglise : mais, en ce cas, ce que dit l'Eglise est justement ce que dit Mr. Descartes.

Dans la suite on a pris le change : & sur ce qu'il étoit vrai que l'ame de sa nature & essentiellement étoit la forme du corps, c'est-à-dire, qu'il n'étoit ni de l'essence, ni de la nature du corps, *d'entendre, de voir,* &c., que c'étoit l'ame nécessairement qui faisoit toutes ces choses ; sur ce qu'il étoit vrai pareillement que l'ame étoit nécessairement & essentiellement unie à toute la substance du corps, c'est-à-dire, que la sensibilité des moindres parties du corps venoit nécessairement & essentiellement de l'union avec l'ame, & non pas du corps même; on s'est allé mettre dans l'esprit que le besoin d'informer le corps, & la nécessité de l'union substantielle, venoient de la part de l'ame, qui sans cela étoit *incomplette*, avoit des *exigences* péripatétiques, & je ne sçais quel désir d'union: restes de ces siécles d'ignorance où l'on ne connoissoit ni l'ame, ni le corps; & qui ne sont excusables dans quelques Pères, qu'à cause de la droiture de leur intention.

Au reste, faute de faire attention au langage de chaque siécle, & à la situation des Écrivains qu'on cite, on jette souvent de l'obscurité sur les Conciles & sur les Pères. Il y a des gens qui croient que quelques anciens Pères ont cru formellement l'ame matérielle, à cause de ces termes, *Materia* & *Materialis*, qu'ils emploient en parlant de l'ame. Mais il faut sçavoir que ces termes ne signifioient alors que *substantia* & *substan*-

tialis. Les impies & les libertins de ces tems-là, abrutis par le libertinage, comme ceux d'aujourd'hui, ne prenoient pour *substance* que la *matière.* Ce qui n'étoit pas *matériel* leur sembloit, ou une idée abstraite & métaphysique, ou une modalité, ou un accident, &c. Les Pères inculquoient au contraire que l'ame étoit, non une abstraction, mais une réalité; non une modalité, mais un sujet; une substance, en un mot, aussi bien que le corps; & pour cela il leur falloit employer les termes qu'on entendoit. Ils parloient par opposition au système des impies, & il faut les entendre de même.

Il en est tout ainsi de ce que disent les Conciles, de *l'union substantielle*; ils parlent par opposition à *la simple présence* ou *présidence* de l'ame, que supposoient les hérétiques qu'il s'agissoit de condamner; ce qui tendoit encore même insensiblement à la suppression de cette présence comme invisible & inutile, à faire consister l'homme dans le corps seul, & à tout ce qui peut suivre d'une telle idée. L'Eglise obvie à tout, en décidant que cette forme par laquelle nous voyons, nous entendons, nous sentons & le reste, est précisément notre ame même: que *naturellement, essentiellement & de soi* cela n'appartient qu'à l'ame : qu'il n'y a rien dans la substance du corps à quoi l'ame ne tienne: que bien loin d'y résider, seulement pour y donner quelques ordres, elle est aussi assujettie aux ordres du corps que le corps aux siens : que l'union est de toute la substance à toute la substance, qu'elle est tout-à-fait réciproque & la partie égale pour ainsi dire : qu'il ne s'agit ni de simple présence, ni d'office de cocher ou de maître de la part de l'ame, &c.

C'est donc dans la dépendance mutuelle & dans la réciprocation infiniment exacte & prompte des modalités de l'ame & du corps, que consiste formellement leur union : & la cause de cette dépendance & de cette réciprocation de modalités, ce lien qui unit si étroitement ces substances qu'on ne peut affecter l'une sans l'autre, que toutes les affections & modifications de l'une sont les expressions de celles de l'autre, voilà cette énigme, ce nœud-gordien, voilà ce mistère caché en nous, qu'on se plaît à supposer inexplicable dans le triste état où nous sommes.

On s'y plaira tant qu'on voudra : mais si on n'a pas entrepris de renoncer à tout ce qui est clair, on peut voir que ce fameux lien est une *Loi générale* de la nature, une *volonté constante* de Dieu, selon laquelle Dieu seul affecte & modifie chacune de ces substances à l'occasion des changemens & des affections de l'autre. On voit que *ce Décret permanent* d'agir dans l'une en conséquence & à l'occasion de ce qui se passe dans l'autre, est un lien indissoluble qui *unit* tellement ces *deux* êtres que ce n'en sont plus *deux* ; car l'homme est *un*, en conséquence de l'exactitude de cette liaison ; & il ne sent que trop qu'il est *un*.

Cette union ainsi entendue ne suppose en aucune manière que l'ame soit dans le corps. Elle s'y rapporte, comme elle rapporte la chaleur à la flamme, ou comme elle rapporte la douleur au bout du doigt. Elle rapporte toutes ses modalités à leurs causes occasionnelles : ce n'est donc pas merveille, si elle se juge dans le corps.

Cette union ne suppose pas même que l'ame soit directement unie à toutes les parties de son corps : elle est unie directement à l'origine des nerfs ; & indirectement à tout le reste du corps.

Il n'y a enfin rien de si facile que de démontrer ce sistême, par ce que j'ai expliqué ailleurs sur les idées & sur les ames. Car si l'ame est dans le *milieu*, dans *l'élément*, ou dans le *monde* des ames ; si elle a un *monde immédiat* plus proche d'elle que le monde des corps, elle a aussi un *corps immédiat* plus proche d'elle que n'est son propre corps. Il est donc clair que leur union ne peut être que ce qu'on vient de dire.

Et si Dieu seul agit en nous, si nous ne sommes proprement unis, & ne pouvons l'être qu'à Dieu seul ; il est bien clair que l'union d'entre les substances qui nous composent, est telle précisément qu'on vient de la décrire.

En vertu de cette union réciproque établie entre l'ame & le corps, nous avons des intérêts de deux sortes ; ou nous avons à rechercher deux sortes de biens; ceux de l'esprit, & ceux du corps. L'ame, pour être unie maintenant d'une union positive & passagère, à une portion d'étendue, n'en demeure pas moins ce qu'elle est. C'est toujours *un être intelligent*, uni d'une union naturelle, nécessaire & durable, à la Raison, au souverain bien, à la vraie cause. Elle tire sa vie, sa nourriture, toute sa perfection de cette union, (il convient que chacun subsiste du monde où il est); & elle doit travailler sans relâche à cultiver son pays natal, à y entretenir son commerce, à l'augmenter, & à s'y procurer un établissement comme dans sa véritable patrie, par toutes les voies capables de l'y faire réussir.

Les biens du corps au contraire, sont dans le monde des corps; & le corps est construit de manière qu'il les recherche sans cesse. Or, comme l'ame, à cause de l'union, a des mouvemens parallèles aux mouvemens du corps; elle se trouve nécessairement intéressée dans la recherche de ces mêmes biens. Mais telle est en cela, comme en autre chose, la bonté infinie de Dieu, que *même en nous assujettissant à rechercher les biens du corps, il nous faut connoître sensiblement qu'ils sont indignes de nous* ; & c'est ce qu'il faut remarquer soigneusement, comme une des plus belles expériences qu'on puisse faire en ce genre. Car on voit par-là que, quoique Dieu veuille qu'actuellement nous nous servions des corps, il ne veut nullement qu'ils emportent notre attention & notre tems. Il ne veut pas que la force, la justesse, la pénétration, l'étendue de l'esprit soient occupées à discerner ce qui est utile au corps, ou ce qui ne l'est pas. Il nous apprend à discerner ces choses par une voie courte, & qui ne nous amuse point; par un sentiment décisif qui ne demande ni éclaircissement, ni preuve, & qui nous laisse notre capacité pour ce qui mérite mieux de la remplir. S'agit-il, par exemple, de manger d'un fruit ? Nous apprenons, du premier coup, par une sensation persuasive, par une décision sans réplique, s'il est utile au corps ou s'il ne l'est pas. Nous sommes dispensés d'examiner la nature de ce fruit, & de philosopher sur le rapport qu'il a avec notre corps. Les biens du corps sont indignes de l'esprit : ils n'occuperont donc pas ses facultés. Ils ne prendront rien ni sur ses lumières, ni sur son tems, ni sur ses forces.

C'est-à-dire que *les sentimens que nous occasionnent les autres corps, relativement au bien du nôtre, sont ceux que nous nous donnerions, ou que nous concevrions, pour ainsi dire ; si nous parvenions, à force d'examen, à connoître les choses comme Dieu même.*

Il est bien clair qu'il y a une bonté & une sagesse infinie, de la part de Dieu, dans la suppression de cet examen: car (sans parler de l'indécence), de pareilles discussions eussent été infinies. Quelle misère, s'il avoit fallu attendre pour entamer un fruit, pour prendre une nourriture, ainsi du reste, que nous n'eussions connu le le rapport de ce fruit, de cette nourriture, &c., à l'état présent de notre corps ? Tout notre tems se seroit passé à un examen indigne de nous ; & peut-être n'étions-nous pas capables, avec toute notre attention, de découvrir, dans tout notre tems, ce qu'il eût fallu sçavoir pour vivre.

Enfin ce n'est pas seulement pour discerner le bien du corps, que nous sommes ainsi conduits continuellement par la voie décisive dont on vient de parler : *Nous le sommes généralement à l'égard des objets dont nous avons à juger par les sens.* La vue de telle couleur est pour nous une sensation agréable ; telle autre couleur nous choque : tel son nous impatiente ; tel autre nous charme : telle odeur nous répugne ; telle autre nous plaît : d'où viennent ces différences ? Nous n'en sçavons rien. La vraie cause de nos sensations le sçait pour nous. Mais elle nous épargne cet examen ; & sans nous faire passer successivement & inutilement par ce milieu, elle nous donne dabord les sensations & autres modifications que nous nous donnerions, si nous avions connu par un travail immense les rapports des vibrations de l'air & de l'éther, & ceux des corpuscules des odeurs, avec les plus petites fibres de nos sens.

La vue de telle personne nous gagne, c'est pour nous le plus beau, le plus touchant spectacle ; l'air de telle autre ne nous revient pas : d'où viennent ces différences ? Nous n'en sçavons rien. La vraie cause de nos sensations le sçait pour nous. Elle voit la perfection ou l'imperfection de ces objets en leur genre; le jeu harmonieux ou discordant des rayons lumineux qu'ils réfléchissent, &c. : & sans nous faire passer successivement & inutilement par cet examen, elle nous donne dabord les sensations & autres modifications que nous nous donnerions, si nous avions connu par un travail immense le dégré de perfection de ces mêmes objets, soit par raport à nous, soit en eux-mêmes.

Il n'y a donc plus rien de merveilleux dans les sentimens *de simpathie & d'antipathie* dont nous nous sentons prévenus, sans en connoître la cause. Ce sont les sentimens que nous nous donnerions, si après un examen suffisant nous avions connu avec évidence le mérite absolu ou rélatif de l'objet actuel de nos sens. Le jeu des rayons de lumière qui se trouvent réfléchis dans mes yeux, flatte par une cadence merveilleuse les filets de l'optique : je ne vois ni les rayons de lumière, ni leur harmonie merveilleuse; mais je sens un plaisir prévenant, un sentiment de simpathie qui me fait m'amuser volontiers à regarder cet objet. Si le jeu des rayons est discordant, ou si ce sont des rapports, par exemple, incommensurables, &c.; mon sentiment sera désagréable. Il en est ainsi de tous les autres.

On a déja dit que notre ame, quoique réellement unie à tout le corps, ne l'étoit cependant directement & immédiatement qu'à l'origine des nerfs. Le seul endroit où aboutissent toutes les impressions extérieures, est directement uni à l'ame. L'ame, & ce seul endroit, essentiellement parlant, composent donc l'homme. Donc un homme n'a besoin, pour subsister, essentiellement parlant, que de ce seul endroit & de l'ame.

On n'est pas fait à ces idées. Ces réflexions paroissent étranges. On est accoutumé à de grandes statures, à voir des personnages, une certaine prestance, des bras, des jambes, &c.; & on s'est mis dans l'imagination qu'il falloit tout cela pour être homme. Mais ceux à qui quelque accident a malheureusement enlevé quelques-unes de ces parties, ne s'en croient pas apparemment moins *hommes*. Ils en ont le sentiment, le raisonnement, la liberté, le mérite ou le démérite :

ils font donc ce qu'ils étoient. Laiſſons-là les idées vulgaires, l'imagination, le préjugé: & conſultons la phyſique. Soit détruite l'origine des nerfs, enſorte qu'aucune impreſſion, aucune action extérieure n'aboutiſſe à cet endroit; comme il arrive quand on intercepte ſa communication avec les autres parties: nous voilà privés auſſi-tôt de toute ſenſation. Nous ne voyons, nous n'entendons, nous ne ſentons rien, &c. Nous avons tout perdu. Tout le reſte du corps néanmoins exiſte encore: mais inutilement. L'ame n'en peut plus rien faire......
Que tout ce reſte, au contraire, ſoit détruit: ſi Dieu veut conſerver l'origine des nerfs, enſorte que les ébranlemens s'y faſſent les mêmes; nous voyons, nous ſentons, &c., comme auparavant. Nous n'avons rien perdu. Ceux qui après l'amputation d'un membre y ſouffrent les mêmes ſenſations douloureuſes en ſont de très-bonnes preuves. Donc *l'ame & l'origine des nerfs ſont l'eſſence de l'homme.* C'étoit ce qu'il s'agiſſoit de prouver.

Il ne faut pas gliſſer légèrement ſur de pareilles idées. Il y faut faire une attention toute particulière, ſe familiariſer liarifer avec elles, & s'y rompre tout-à-fait. Quelquefois, parce qu'on entend avec facilité, on ne s'arrête point assez; & faute d'envisager tranquillement & de retourner son objet, on n'en prend qu'une teinture, qu'on perd aussi facilement & aussi promptement qu'on l'a prise. On ne sçait bien que ce qu'on sçait à fond; & on est bien loin du fond d'un sujet, quand on n'en regarde qu'une seule face.

Du nombre infini de manières dont Dieu pouvoit composer l'homme, il ne nous en montre qu'une, & ceux qui jugent de tout par leurs sens, ne se persuadent pas volontiers qu'il y en ait d'autres. Les Philosophes ordinairement n'ont pas la vue si courte. Ils sçavent analyser, développer, combiner leurs idées. Ils voient que les hommes ont cinq pieds: mais ils conçoivent facilement qu'ils peuvent en avoir moins. Ils sçavent que Dieu peut anéantir toute la substance du corps, hors l'origine des nerfs, & que cette origine peut n'être qu'un point; & ils voient l'homme, comme auparavant, dans l'ame & dans ce point. Et en effet, quand le *fœtus* s'anime, dans ces premiers instans de l'hom-

me; est-ce autre chose qu'une ame & un point? Voilà pourtant un homme, cet homme qui va naître, qui vivra cinquante ou soixante ans, qui pendant ce tems croîtra & décroîtra; mais qui aura beau croître ou décroître, ce sera toujours *le même homme*. Quand bien, par exemple, une maladie le diminueroit de moitié, ce seroit toujours le même; & quand même la moitié restante diminueroit encore, on l'appelleroit toujours du même nom; & quand cet homme enfin diminueroit continuellement par dégrés, quel seroit le terme, je le demande, où il cesseroit d'être le même?......! Si depuis les premiers instans de *l'animation* du fœtus jusqu'à la perfection de l'homme, malgré les accroissemens continuels, c'est toujours le même homme; pourquoi, depuis la grandeur de la perfection jusqu'à la petitesse des premiers instans, seroit-il moins le même?.....
Il est sûr que si un homme décroissoit avec la lenteur dont il croît, ce seroit toujours la même personne aux yeux du peuple. Ce seroit donc toujours la même personne aux yeux d'un Philosophe, avec quelque dégré de

lenteur, ou de vîtesse qu'il pût décroître.

Tout cela signifie en deux mots, que d'être d'une grande stature ou d'une petite, d'occuper de l'espace plus ou moins, d'être un colosse ou de n'être qu'un point, ne touche nullement à l'essence de l'homme : que de même que le corps d'un enfant, à quelque accroissement qu'il arrive, est toujours le même corps, de même un grand corps peut diminuer, avec proportion dans toutes ses parties, sans cesser d'être le même ; & qu'ainsi *Pierre*, au lieu de remplir l'espace de cinq ou de six pieds, peut en demeurant toujours *Pierre*, toujours la même personne, toujours lui-même, n'être que de la grandeur d'un point, du plus petit fœtus, d'un atôme.

Ne nous lassons pas de rebattre ce qu'on ne sçauroit trop sçavoir; & tournons cette matière encore d'une autre façon. On sçait que tous les nerfs qui partent du cerveau & de la moële épinière, pour aboutir en se ramifiant à toutes les parties du corps, sont composés chacun d'une infinité de petits filets, qui ont tous part aux sensations, aux mouvemens, en un mot à toutes les actions & passion de la machine. On sçait aussi que ce sont ces nerfs qui véritablement & proprement font *l'homme tel qu'il est*. Car il n'y a de sensibilité qu'en eux. Tout ce qu'il y a de liquide dans le corps est insensible. Les os sont insensibles. Les chairs & les autres parties ne sont sensibles qu'autant que les ramifications des filets s'y répandent. Les seuls nerfs, tandis qu'ils communiquent avec leur origine, sont donc sensibles. Donc tous les nerfs ensemble font le corps de l'homme...... Mais ce n'est pas de cela qu'il s'agit. Supposons au contraire que toutes les autres matières qui entrent dans la composition de l'homme en soient tout comme les nerfs ; & concevons-les aussi composées, comme les nerfs, selon une espéce *d'homéomérie* ; un os, d'une infinité d'os ; un cheveu, d'une infinité de cheveux, &c. c'est-à-dire, l'homme entier composé d'un nombre infini d'hommes ; ou bien, d'un nombre prodigieux, si on a de la répugnance à admettre l'infini.

Il est bien clair que cette homéomérie est déjà vraie des nerfs ; & il n'est pas moins clair qu'un agent infiniment puissant peut diviser les autres parties, & résoudre l'homme entier, selon le même système. Cela bien conçu, suivons un peu cette idée.

Si dans un homme se portant bien, un homme robuste & vigoureux, Dieu anéantissoit tout d'un coup une vingtaine de ces élémens qui composent toute sa substance, une vingtaine de ces hommes dont il est fait; ensorte que, par exemple, ses nerfs optiques eussent vingt filets de moins, ses nerfs auditoires vingt filets de moins, chacune des autres parties vingt élémens de moins; on conçoit à merveille que cet homme ne s'appercevroit de rien, qu'il n'éprouveroit ni dans ses mouvemens ni dans ses sensations aucun déchet..... Mais si Dieu anéantissoit la moitié de ses élémens, ou la moitié des corps dont le sien est fait; alors cet homme sentiroit une diminution générale dans la vivacité de ses mouvemens, sensations & fonctions quelconques. Mais il n'en seroit pas moins homme. Si l'anéantissement des élémens alloit plus loin, la vivacité dont on parle diminueroit de plus en plus. Mais l'homme demeureroit toujours homme, & toujours le même homme. Enfin si cet homme étoit réduit, par la continuation des anéantissemens, à un de ces hommes partiels qui tous ensemble font la totalité de son corps; on conçoit qu'alors il ne recevroit que des impressions très-foibles, de très-légères sensations de la part des objets; mais qu'il continueroit de voir, d'entendre, de sentir les mêmes choses. Ce seroit toujours la même personne. Tous les raisonnemens conduisent là; & la chose en elle-même est simple. Mais il n'est ni moins simple ni moins évident que la solidité réduite de ce dernier homme n'occuperoit qu'un espace insensible, un point physique. C'étoit ce que l'on vouloit faire voir, & sur quoi il semble que ce seul exposé ne laisse lieu à aucun doute.

Il ne faut pas au reste tant de circuit (les sens, l'imagination & les préjugés mis à part) pour démontrer qu'un corps humain peut n'être qu'un point physique. Il y a tant de vuide dans les matières, nous disent les partisans du vuide, que si Dieu vouloit rapprocher & faire toucher immédiatement les parties solides du globe terrestre, en sorte qu'il n'y restât aucun pore, il n'est pas sûr que cette solidité occupât l'espace d'un pied-cube. On peut dire la même chose dans le sistême du plein, puisque les fluides qui remplissent les pores, sont étrangers aux parties propres des corps. On peut donc faire cette analogie :

Comme tout le globe terrestre,
A un pied-cube ;
Ainsi un corps humain,
Est à un dernier terme, qui ne peut même tomber sous les sens.

Ce corps est cependant le même ; c'est la même matiere ; elle y est toute. L'idée *d'un corps humain contenu dans le moindre espace sensible* nous doit donc surprendre de moins en moins.

Revenons à l'idée de l'homéomérie, & appliquons la pareillement à toutes les situations du corps humain dont on vient de parler ; en sorte que, par exemple, *l'origine des nerfs* soit conçue composée à l'infini, ce qui est vrai de sa totalité, puisqu'il l'est de chaque nerf ; que *le fœtus* soit conçu composé à l'infini dans sa totalité comme dans ses nerfs ; que *le corps sans pores* soit conçu composé à l'infini, ou résoluble en une infinité d'élémens tous semblables, & que la même chose soit conçue de notre corps tel qu'il est :

Tandis que tous les élémens d'un corps subsistent ensemble, l'ame & leur totalité composent l'homme ; & cette totalité n'occasionne à l'ame qu'un sentiment unique, c'est-à-dire qu'elle ne se voit & ne se sent qu'un seul corps. Mais chacun de ces élémens peut en particulier causer un semblable sentiment à cette même ame. L'ame & chaque élément composent donc aussi l'homme. Chaque élément équivaut à tout le corps ; tout le corps vaut chaque élément, ni plus ni moins.

Pour voir bien plus sensiblement que chaque élément de notre corps fait, relativement à l'ame, l'office de toute la masse, & qu'en un mot chaque *homme partiel* équivaut parfaitement à *l'homme total* ; on peut remarquer que nous ne distinguons point l'impression d'un élément, de celle de toute la masse. Car qui recevroit, par exemple, une impression douloureuse d'un élément de chaque partie, diroit *avoir mal à tout le corps.* Chaque élément, rélativement à l'ame, équivaut donc à toute la masse du corps.

Si donc ces élémens, ou ces hommes partiels, au lieu de subsister ensemble, étoient dispersés par quelque cause, continuant, dans leur disposition, d'occasionner à l'ame le même sentiment qu'ils lui occasionnoient étant unis; l'homme seroit en autant d'endroits qu'il y auroit d'élémens. Dans chaque endroit particulier, ce feroit *lui-même*; & en tous pris ensemble, ce ne seroit que *lui-même*.

C'est-à-dire que chaque élément du corps du même homme est *son corps*, & que tous ensemble ne font encore que *son* seul & même *corps*. En effet cet homme, soit dans la dispersion, soit dans l'union de ses élémens, a toujours la même raison de croire qu'il n'a qu'un corps: car il est sûr que la grande & même l'unique raison qui nous persuade absolument que nous n'avons qu'un corps, c'est *l'unité de sentiment* que nous en avons. Si donc cet homme, à l'occasion de l'impression d'un de ses élémens, pense à tout son corps, comme on l'a dit; & si, à l'occasion de l'impression de plusieurs élémens, ou de tous, il ne pense qu'à ce même corps; il est bien clair qu'il doit juger, comme chacun de nous, *qu'il n'a qu'un corps*.

Comme on sçait déjà que nous ne connoissons notre corps matériel qu'au moyen d'un corps intelligible qui nous touche immédiatement, & qui nous affecte à l'occasion des modalités du corps passif que nous ne sentons & que nous ne voyons pas; on voit tout d'un coup très-distinctement qu'une personne se paroîtra toujours invariablement *la même*, tant que *le même corps immédiat* continuera de la toucher. Et comme Dieu peut affecter l'ame, du même corps immédiat & de la même manière, à l'occasion d'un élément, ou de plusieurs ensemble, ou de la masse entière, soit que ces élémens soient dispersés, soit qu'ils soient réunis; il est clair que dans tous ces cas la personne se paroîtra toujours *une* & toujours *la même*, qu'elle n'aura pas plus de connoissance de la *dispersion* de ses élémens, que nous n'en avons de la *distinction* des filets de nos nerfs, & qu'en un mot elle ne sentira pas plus *la multiplication* de son corps que nous ne fentons préfentement *la composition* du nôtre.

Enfin fi tous ces élémens, dans leur difperfion, étoient tellement indépendans des objets de dehors, que ceux-ci ne puffent altérer en rien le fentiment ordinaire du corps total ; il eft bien clair du moins qu'alors rien n'empêcheroit de concevoir l'unité de perfonne dont nous parlons, tandis que l'on concevroit en même tems que chaque élément pris à part, équivalant à l'homme total, feroit tout-à-fait ce même homme.

Si nous étions plus accoutumés à analyfer nos idées, & à les retourner en tout fens, nous ne ferions pas plus étonnés de la *divifion* actuelle que de la *divifibilité* d'un corps humain ; ou pour parler encore plus jufte, nous ne ferions pas plus étonnés de voir *multiplier* un corps, que de le voir *multiple*. C'eft le peu d'habitude à philofopher, de notre part, qui fait tout l'étrange & tout le merveilleux de ce qu'on propofe ici. Notre corps n'eft-il pas actuellement compofé à l'infini ? Tous nos nerfs ne confiftent-ils point dans une infinité d'infinités de nerfs ? Nos nerfs ne font-ils pas les seuls organes de la sensibilité de notre corps ? Une partie des filets qui composent chaque nerf, ne sert-elle pas de véhicule aux impressions extérieures aussi bien que le tout ? Une partie des élémens de notre corps vaut donc le tout. Tous ces élémens sont en nous actuellement distingués les uns des autres, les uns extérieurs aux autres, & même, physiquement parlant, distans les uns des autres. Mais le plus ou moins de distance que pourroit-il y faire ? Qu'il y ait entr'eux une grande distance ou qu'il n'y en ait aucune, l'union de l'ame supposée toujours la même, je conçois que leur totalité fait un seul homme, & que chacun d'eux en particulier fait encore ce même homme : car si un de ces élémens tourmentoit l'ame par tous ses points, je conçois que tout l'homme seroit très-mal. Et si, par exemple, cet élément étoit à quarante lieues de la masse, je concevrois pareillement que cet homme seroit très-mal. Et s'il y avoit ailleurs un autre élément affecté de la même manière, je concevrois toute la même chose. Je conçois donc que cet homme seroit en autant d'endroits qu'il y auroit d'élémens dispersés de la masse de son corps; que dans chaque endroit particulier, ce seroit lui-même; & qu'en tous pris ensemble ce ne seroit que lui-même.

Il est vrai que si l'ame étoit dans le corps, comme on le croit communément, à raison d'existence; cette théorie n'auroit plus lieu : car l'ame ne se peut concevoir en plusieurs lieux à la fois; mais, du monde, où nous la mettons, il lui est tout aussi facile de répondre à ses élémens séparés que conjoints.

Au reste il faut se souvenir que chaque élément particulier se peut encore considérer comme composé à l'infini : car la divisibilité de la matière n'a point de bornes; & peut-être sera-t-on plus content de cette composition subalterne, qui est véritablement plus propre à représenter un corps complet.

On peut donc se servir de celle qu'on voudra des quatre manières de subsister d'un corps humain, dont on vient de parler; c'est-à-dire, on peut prendre, pour le corps humain, ou l'origine des nerfs; ou, selon l'homéomérie, *un élément de tout le corps*; ou, on peut suivre l'idée du *fœtus*; ou bien, l'idée du *corps sans pores* : & on en tirera toujours également ces deux principes: 1°. *Qu'un homme peut exister dans le moindre espace sensible* : 2°. *Que ce même homme peut exister en plusieurs lieux à la fois.*

Enfin ces deux principes où nous sommes parvenus, en dévelopant nettement une idée claire & simple, nous pourront être bientôt de quelque utilité. Laissons les ici maintenant, comme deux pierres d'attente; & retournons vers les fondemens, pour bâtir encore une autre aîle.

Tout ce qui a été dit jusqu'ici de l'union de l'ame & du corps, de la réciprocation de leurs modalités, de la dépendance mutuelle, &c. tout cela, dis-je, regarde uniquement notre situation présente, où l'on sçait que le corps, en plusieurs rencontres, tyranise l'ame impitoyablement pour ainsi dire, & lui occasionne des sentimens qui la pénètrent d'une cruelle force. On conçoit qu'à cause de l'union, l'ame devoit être intéressée à la situation & aux changemens du corps; qu'elle devoit être informée de l'état avantageux ou désavantageux où il se seroit trouvé, pour qu'elle veillât à sa conservation, au bien général de la machine & de toutes ses parties. Il étoit donc à propos, par exemple, que le voisinage d'un grand feu causant des dérangemens considérables dans les fibres de la main, l'ame apprît ces dérangemens par une sensation qui lui fît y remédier promptement, & prévenir un plus grand mal du corps. Il étoit encore à propos que la présence ou la possession actuelle d'un bien du corps occasionnât à l'ame un témoignage de l'utilité ou de la grandeur de ce bien, pour qu'elle en laissât jouir le corps; ainsi du reste. Mais qu'étoit-il besoin que ces sensations fussent d'insuportables tourmens, des douleurs désespérantes, des maux à faire souhaiter l'anéantissement, des rages? Ou bien, des délices à enyvrer l'ame, à la passionner, à la transporter, & à lui faire oublier ses propres biens, pour ne penser qu'à ceux du corps? Pourquoi les impressions des objets sensibles, toutes les sensations, tous les mouvemens que nous occasionne l'union avec le corps, ont-ils tant de vivacité, d'autorité, d'efficace & de charmes ; tandis que les biens spirituels, la perception de la vérité, la vue de l'ordre, toutes les richesses du monde intelligible, toutes les lumières & toutes les perfections que nous peut procurer l'union à la Raison, ne nous touchent que légèrement, sont à peine capables de nous ébranler, & ne font qu'effleurer notre ame ? Notre union à la Raison, à la souveraine sagesse, au souverain bien, est comme imperceptible. Elle est naturelle à l'ame ; elle est nécessaire ; elle ne finira jamais ; c'est la source de nos vrais biens, de toute la perfection dont nous sommes susceptibles : & à peine le sçavons-nous. Notre union au corps, au contraire, & aux objets sensibles, se sent très-fortement. Elle n'est que positive, & arbitraire ; elle n'est que pour quelques jours ; c'est la source de toutes nos erreurs ; elle ne nous présente que de faux biens : mais nous ne pensons qu'à elle. Nous n'entendons, nous n'écoutons qu'elle. Nous ne goûtons que ses conseils. En un mot, l'union au corps & au monde matériel, fait sur nous assez exactement l'impression qu'y devroit faire l'union à la Raison & au monde des esprits ; & notre union à la Raison a bien précisément sur notre ame l'effet auquel se devroit borner notre union avec le corps. Faisons un peu d'attention à cette idée. Elle aura son usage ; & elle fera voir de plus en plus la fécondité de nos principes.

Nous chercherons donc, en premier lieu, d'où peut venir ce renversement ; en second lieu, comment il s'est pu faire ; en troisiéme & dernier lieu, nous ferons remarquer ce qui s'ensuit. La cause, la manière, & les suites de ce renversement ; ce sont trois points qu'on va discuter, & qu'on va réduire, s'il est possible, à des idées simples, claires & nettes.

La Foi & la Raison nous apprennent de concert que le premier homme fut créé droit, & ordonné en toute manière. Il fut créé agréable à Dieu, avec l'habitude de la justice, &c. Son ame étoit donc bien éloignée du renversement dont il s'agit. Elle connoissoit les corps pour ce qu'ils étoient ; elle sçavoit l'impuissance des créatures ; & elle gardoit sa préférence &

toute sa sensibilité pour la Raison, pour le souverain bien, pour la vraie cause. Elle étoit unie au corps ; cela se conçoit facilement : mais il n'est pas croyable qu'elle en dépendît, ni qu'elle en fût dabord tyrannisée comme dans la suite. On peut croire au contraire qu'à raison de la justice originelle, elle étoit tellement avertie tant des mouvemens commencés intérieurement que des impressions reçues extérieurement dans les organes, qu'elle présidoit à leur transmission par les filets des nerfs ; qu'elle en modéroit l'impétuosité selon son gré ; qu'elle avoit le droit d'empêcher qu'elle ne se communiquât à l'origine de ces mêmes nerfs ; & qu'enfin il dépendoit d'elle de laisser ébranler rudement cette origine, ou de ne le pas faire ; c'est-à-dire, de laisser remplir sa capacité de penser par des sentimens violents & rélatifs au corps, ou de la réserver pour la Raison, pour l'acquisition des vrais biens, & en un mot, pour ce qui étoit plus digne d'elle.

Le premier homme ne recevoit donc ni violente douleur, ni violent plaisir sensible, s'il ne le vouloit ; & il ne le vouloit jamais apparemment, à l'égard des douleurs. Son corps, pour ainsi dire, humble & respectueux l'avertissoit modestement de ce que l'ame, à cause de l'union, devoit apprendre à son sujet. Mais il n'avoit droit ni de la tourmenter, ni de la transporter de plaisir ou de joie. Tandis que l'ame fut attentive à user de sa supériorité, à ne pas laisser ébranler l'origine des nerfs, & à conserver la pureté de cette principale partie du corps, on peut dire qu'elle fut parfaitement libre; & son devoir étoit de veiller à la conservation de cette liberté. Mais elle s'oublia malheureusement au bout d'un tems; elle laissa, selon les apparences, remplir sa capacité par quelque plaisir, ou par quelque mouvement trop vif; & pendant ce moment d'inadvertance, ou quelqu'autre semblable, elle pécha.

L'homme, ayant mal usé de son droit, en est désormais indigne. Il ne mérite plus que les mouvemens, ni intérieurs, ni extérieurs, lui demandent la permission, en quelque sorte, de se transmettre au cerveau. Dieu suspendoit en sa faveur, à cause de son innocence originelle, une partie de l'exécution de la loi générale de la communication du mouvement, & de celle de l'union de l'ame & du corps : il ne mérite plus cette complaisance. Ces loix auront désormais pleinement leur effet. Une fois le mouvement commencé, il se transmettra le long des nerfs. Il ébranlera brusquement leur origine de toute sa force ; & la première nouvelle qu'en recevra l'ame, sera un coup insolent, si je puis le dire, ou plûtôt, vengeur de sa faute. C'en est fait ; le corps perd le respect. Tous ses avertissemens se changent en violences. L'ame lui étoit simplement unie : elle en dépend actuellement. Elle est devenue esclave. Si elle veut le contredire, elle se sent maltraiter. Elle ne goûte plus de douceurs qu'en lui obéissant, en se conformant à ses ordres : car il commande aussi maintenant, à son tour.

Le corps, comme je l'ai déja dit, est construit de manière qu'il parle continuellement, & avec chaleur, pour lui-même : il veut que l'ame désormais ne s'occupe que de lui. Et l'ame qui, à cause de l'union, a des sentimens & des mouvemens correspondans, devient par-là, toute charnelle, toute dévouée au corps.... A mesure qu'elle s'attache au monde sensible, & qu'elle s'enfonce dans la matière, elle perd de vue la souveraine Raison, le pays des esprits. A mesure que cette vue s'affoiblit, l'estime des choses spirituelles diminue de plus en plus. Des idées pures ne paroissent plus grand'chose. En un mot, toute la préférence & toute la sensibilité sont à-présent pour les objets corporels, pour le monde, & les biens du corps.

Ainsi s'est opéré le renversement dont nous avions à rendre raison. En voilà la cause, & la manière. La cause, c'est le péché de l'homme; la manière, c'est la privation d'un droit qu'il ne mérite plus : & voici comment on peut concevoir les effets de cette privation, dans le premier enfant d'Adam, ensuite dans tous les hommes.

Quand Dieu fit sentir au premier homme les effets pénibles & humilians de la suppression du privilége dont on vient de parler, il ne fit qu'exécuter purement, & sans exception, la loi générale sagement établie de l'union de l'ame & du corps. Or on peut supposer facilement que Dieu ayant une fois donné, en conséquence de l'indignité d'Adam, un libre cours à toute cette Loi, eût de bonnes raisons pour continuer ce qu'il avoit commencé, & pour n'y plus faire aucun changement en faveur des hommes à venir.

Adam, qui se souvenoit certainement de son état nouvellement passé, & qui sentoit ainsi très-vivement la grandeur de sa perte, avoit dans ce souvenir même, & dans la vivacité de ce sentiment, un grand secours pour contrebalancer l'autorité du corps. Mais l'enfant qui naquit ensuite dans la même dépendance du corps, ignorant invinciblement l'histoire de l'humanité, & aussi destitué des connoissances que des priviléges de son père; cet enfant, dis-je, depuis le moment de sa conception jusqu'à un certain âge, fut, pour ainsi dire, tout corps. On voit bien en effet qu'une ame, dans cette position, se trouvoit nécessairement dans la dépravation, dans le renversement d'inclinations dont nous avons parlé; qu'elle avoit toutes ses habitudes désordonnées, & qu'elle étoit dans un état à déplaire à Dieu par lui-même.

Il est donc facile de concevoir que les enfans d'Adam purent naître désordonnés, c'est-à-dire, corrompus, esclaves du corps, avec des habitudes contraires à la sainteté de la loi, & pour ainsi parler, le dos tourné à Dieu. Or c'est cette disposition odieuse de l'ame (qui depuis la dépendance où l'on est du corps, se transmet successivement de père en fils) qui fait *le matériel* du péché d'origine; & qui en fait même *le formel*, quand elle est seule dans l'ame.

C'est-à-dire que l'ame d'un enfant, qui n'a actuellement que cette disposition désordonnée, est telle que Dieu ne la peut admettre à la félicité éternelle. Mais quand elle reçoit, par le Baptême, les habitudes chrétiennes; quoique son ancienne dépendance du corps qui n'est pas libre, lui demeure encore, elle est justifiée aux yeux de Dieu, & il ne lui reste rien du formel du péché d'origine.

On voit par-là que le seul péché originel, même formellement considéré dans l'ame, ne la rend pas digne de punition personnelle. Un enfant qui meurt sans Baptême, ne mérite ni punition ni récompense. On doit le dire *infiniment malheureux*, parce qu'il manque *un bonheur infini*. Mais il ne sera pas malheureux positivement, puisqu'il n'a jamais été libre. Il perd, comme perdent ceux qui manquent de gagner.

Il suit encore de-là que Dieu, dans la transmission du péché originel telle qu'on l'expose ici, ne nous fait aucun tort ; puisqu'il ne nous rend *responsables positivement* ni du matériel ni du formel de ce péché, mais seulement de nos fautes personnelles, du bon ou du mauvais usage du libre arbitre & de la grace. Si les maux & les difficultés abondent en notre état ; les biens & les secours surnaturels y surabondent. De sorte que si quelque plan ou dessein général demandoit alors la propagation ou la transmission de ce péché, pour être plus honorable à Dieu, & plus avantageux à l'homme-même ; loin que nous ayons à nous plaindre de notre origine & de notre sort, nous n'avons qu'à bénir le Seigneur, à le remercier de son choix, & qu'à le louer éternellement

nellement de la sagesse de sa conduite.

On voit donc qu'il y a peu de justesse dans les déclamations des Hérétiques contre l'existence & la propagation du péché originel. Je ne suis pas sûr, à la vérité, que cette explication soit la vraie : mais c'est chose fort indifférente. Sa possibilité jette le même ridicule sur la logique de ces insensés. De quel droit nier l'existence d'un fait évidemment possible ? Je n'ai jamais souhaité de sçavoir la véritable explication, ni de cet article, ni d'aucun autre de notre sainte Religion : mais je crois qu'il est très-utile d'en sçavoir de possibles. L'incrédule, qui n'a rien à dire tandis que l'impossibilité d'un point de Foi n'est pas exactement démontrée, est bien autrement confondu quand on lui en démontre clairement la possibilité. Il n'a plus, dèslors, de ressource ; ou plûtôt il en a une grande : car il lui est facile de profiter du travail d'autrui, de réfléchir solidement, & de se redresser lui-même.

Il y a des gens qui n'ont que du mépris pour les simples opinions & les sistêmes : mais je suis persuadé qu'on se trompe. Un sistême simple & intelligible, partant des notions communes, qui, marchant continuellement & invariablement sur la même ligne & dans l'analogie de Foi, fait un corps de la Religion, en justifie les dogmes, enchaîne ses différens articles, en compose un tout raisonné, & en sçait faire une suite; un tel sistême, à ce que je m'imagine, n'est nullement méprisable. Il peut être, au contraire, très-utile; il est agréable à plusieurs; & il est même capable d'édifier par son coup d'œil & par son point de vue.

Qu'y a-t-il de plus digne de l'homme, de plus agréable à l'homme sensé, que la connoissance de l'homme ? Elle est toute renfermée dans ce principe de *l'union de l'ame & du corps*. Il se peut retourner en mille façons; & à chaque fois qu'on le retourne, il en sort de nouvelles lumières. Ceux qui voudront se mettre en état d'épuiser cette matière n'ont qu'à lire actuellement *la Recherche de la Vérité*, principalement le second & le cinquiéme Livre. Je n'ajoûterai ici qu'une remarque sur la séparation de l'ame & du corps, & sur l'union qui se refera de ces deux substances dans l'autre vie.

SUR LA RAISON. 363

La mort ne consiste, de la part de l'ame, qu'à cesser de dépendre du corps. L'ame ne sort point alors du corps, comme on se l'imagine communément, puisqu'elle n'y étoit pas : mais le corps cesse d'être l'occasion de ses lumières, de ses mouvemens & de ses modalités quelconques. Au lieu de la vision sensible des objets matériels qui environnent son corps, de l'appartement où il est, des personnes qui y sont, &c., elle a subitement d'autres idées. Le monde où elle est, son élément naturel l'affecte autrement. Elle voit, elle apperçoit toute autre chose. Au lieu de l'union avec le corps, une autre disposition de Dieu, une autre suite d'idées & de sentimens commencent à son égard. Toute son attention n'est désormais que pour cette suite ; ce qui veut dire, *être dans un autre monde*.

On demande quelquefois pourquoi Dieu nous cache l'idée de l'ame : c'est qu'en nous cachant ainsi l'idée de l'esprit, & en nous découvrant celles des corps, en faisant faire à celles-ci les impressions qu'elles font, & prendre tout l'ascendant qu'elles prennent sur nous, il nous met dans le monde matériel, & spécialement dans le corps où il vouloit nous mettre pour un tems; de même qu'en nous montrant les idées de l'ame & des autres intelligences, &c., & en nous dégageant de celles du corps, &c., il nous mettra ensuite dans un autre monde.

L'ame enfin, dans ce nouveau monde, si par exemple elle est heureuse, respire son air natal. Elle ne dépend plus ni d'esprits animaux, ni d'origine de nerfs. Il n'y a plus ni goute, ni gravelle, ni amputation de membres, ni maladie, ni fer, ni feu qui lui puisse nuire. Son corps est corrompu & résolu dans la terre: mais cela ne la touche plus. Elle ne tient plus qu'au monde des esprits. Elle y tenoit autrefois; mais sans le sçavoir. Elle y étoit de tout tems: mais sans s'y reconnoître. A-présent le voile est tombé; elle est absolument désabusée. Elle reconnoît enfin sa patrie, que mille erreurs l'empêchoient de connoître. Elle s'y voit à demeure; & jamais semblables aveuglemens ne l'en feront sortir davantage.

Dans ce monde-ci l'attention de l'ame, comme il a été remarqué au commencement de ce Traité, ne s'arrête pas sur les idées. Les *objets représentés* nous absorbent ; les *objets représentans* se cachent de nous ; & nous nous servons continuellement de Dieu même avec une indifférence inconcevable. Telle est notre condition présente, & c'est ce qui s'appelle *être dans ce monde*. Mais dans l'autre vie, toute l'attention demeurera sur les idées. Nous les verrons des deux manières de voir dont il est fait mention ci-dessus, ce qui nous rendra tous les objets infiniment aimables : car cela divinisera tous les objets, & nous n'aurons aucune pensée particulière qu'avec un plaisir infini. On voit à-présent tout en Dieu : alors on verra également & tout en Dieu, & Dieu en tout. Nous concevons ici qu'il est nécessaire que Dieu soit tout Etre ; mais là nous éprouverons qu'il l'est : & comme l'infiniment parfait est infiniment simple, nous le verrons intuitivement tout entier en toutes choses. Voilà ce que l'œil n'a jamais vu, ce que l'oreille n'a jamais entendu, & ce qui est actuellement inconnu au cœur même. Mais voilà ce que Dieu prépare à ceux qui l'aiment. Lui-même sera leur récompense : *Ego . . . . . merces tua magna nimis*. L'ame heureuse jouira de la substance divine; elle en vivra dans la société des autres intelligences, & elle ne tiendra plus qu'à cette vraie cause, cette source intarissable de son bonheur, qu'elle possédera éternellement avec une entière sécurité.

Elle se retrouvera cependant unie au corps: mais cette union sera bien différente de la première. Tout sera ordonné dans l'autre monde. L'ame juste ne dépendra pas du corps. Le corps au contraire dépendra d'elle. La loi générale de leur union sera donc toute autre. Les loix du mouvement pour le corps seront vraisemblablement aussi tout autres. Celui-ci aura des qualités & des perfections qu'il n'a pas. Il sera *subtil, agile, incorruptible*: il passera, au gré de l'ame, immédiatement d'un lieu en un autre; & il se peut de la part, soit de l'ame, soit de l'institution divine, soit du corps, trouver mille conditions différentes dans cette seconde formation de l'homme, dont la connoissance anéantiroit mille embarras qu'on se fait en ce monde. Toutes les Ecoles retentissent depuis plusieurs siécles, avec autant d'imprudence que d'inutilité, des difficultés qu'occasionne le mystère de l'Eucharistie. *Comment tout le Corps de Notre-Seigneur peut-il réellement & véritablement subsister sous les espéces?* Et *comment se peut-il trouver aussi réellement en plusieurs lieux à la fois?* Cela déconcerte les Philosophes qui n'ont pas de principes: mais que ne font-ils du moins cette réflexion? *Le Corps de Notre-Seigneur*, en tous ces cas, *est un Corps glorieux*. En quoi consiste cet état? Un tel corps, de quelles modifications, réductions, résolutions, translations, &c. est-il susceptible? Quelle est son union avec l'ame? Nous ignorons toutes ces choses. Et pourquoi donc nous embarrasser de lui voir attribuer ce qui ne convient point actuellement au corps que nous avons? Sommes-nous dans l'état où il est? Ou, sommes-nous en droit de conclure d'un état à l'autre?

Qu'il y ait pourtant de l'analogie entre le sistême futur & celui de nos jours; on fera voir encore ici que *la présence réelle*, même dans cette supposition, n'a pas de quoi faire un embarras dans les principes qu'on dévelope.

Par le moyen de ces principes, on

entend clairement, 1., comment un corps humain peut exister dans le moindre espace sensible; 2., comment ce même corps peut exister en plusieurs lieux à la fois. Il semble donc déja qu'on ait tout fait; mais ne dissimulons pas la difficulté. Ceux qu'il s'agit ici de contenter demandent autre chose. Vos explications, nous disent-ils, sont apparemment possibles en elles-mêmes; mais sont-elles applicables en cette occasion? Quand Notre-Seigneur se donna à ses Disciples dans la première Communion qu'ils reçurent de sa main, il se donna tel qu'il étoit, tel qu'il alloit être incessamment livré & mis en croix: *Corpus,.... quod...... tradetur.....* Donc il ne s'agissoit pas précisément de l'essence de son Corps, ni de sa réductibilité en un petit espace; il s'agissoit de son état actuel. Donc il est inutile que vous distinguiez ce qui étoit essentiel à ce Corps, à quoi il se pouvoir réduire, ainsi du reste. Notre-Seigneur ne parle point de cette réduction, il parle purement & simplement; ainsi vous expliquez ce dont il ne s'agit pas.

On peut dire à cela que Notre-Seigneur ne voulant faire ni des Physiciens ni des Métaphysiciens de ses Disciples, n'avoit nul besoin de leur expliquer le secret philosophique de la présence réelle ; mais que l'inutilité de leur apprendre ses moyens secrets, n'empêchoit nullement qu'il ne s'en servît lui-même.

Je dis deplus que le sens de ces mots, *Corpus quod tradetur*, n'est pas que les Disciples reçoivent, dans la Communion, toute la matière qui sera mise en croix ; mais que celle qu'ils reçoivent y sera mise. Ne courons pas trop vîte à l'objection. La sainte Vierge ne pouvoit-elle pas dire, dès les premiers instans de la Conception de Notre-Seigneur : *Je porte réellement Corpus quod tradetur ?* Elle n'en portoit cependant pas toute la matière ; mais elle en portoit toute l'essence. Donc Notre-Seigneur, en donnant aux Disciples ce qui faisoit l'essentiel de son Corps, parloit aussi très-naturellement, en leur disant les mêmes paroles.

Mais l'Eglise, ajoûte-t-on, s'est encore expliquée, & a décidé que Notre-Seigneur étoit sous les espèces le même en tout : *Idem per omnia Christus..... Christus totus*, &c.

Q v

Je réponds que cette décision est relative à l'hérésie de Wicleff, qui ne regardoit nullement *la quantité*, mais *la réalité* du Corps du Sauveur. L'Eglise veut dire que Notre-Seigneur est, dans l'Eucharistie, la même personne qu'auparavant ; c'est-à-dire, que véritablement & réellement sa Divinité, son Ame & son Corps y sont ; que le Christ y est tout complet ; qu'il n'y manque rien.

Quand on voudroit même que la décision ne regardât que le Corps, il n'y auroit pas plus d'embarras. Notre-Seigneur y est, sans contredit, en tout ce qui lui est essentiel, toujours le même : *Idem per omnia* ESSENTIALIA. On en convient sans peine.

Enfin si l'on persiste toujours à vouloir trouver absolument la même quantité de matière sous les espèces & sur la croix ; mon explication, par *le corps sans pores*, est littérale & rigoureuse. Mais voici une réflexion qui se présente naturellement, & qui me plaît davantage. L'idée de la *Transsubstantiation* ne renferme point celle de *Création* : il semble donc que le Corps du Sauveur sous les espèces ne puisse absolument contenir que la quantité de matière qu'on a consacrée; & on en peut consacrer si peu qu'on veut. Nous prenons donc, ce semble, le sens naturel des passages que nous expliquons.

Au reste, quand on cherche le vrai sens d'une décision de l'Eglise, il faut s'attacher à l'esprit, & non pas à la lettre. Il faut chercher l'intention d'un Concile ou d'une bulle: c'est-à-dire, il faut voir quelles erreurs il s'agissoit de condamner. La condamnation est rélative à ces erreurs; & le dogme catholique est précisément la contradictoire de l'hérésie. Or les hérésies dont il s'agit, dans l'occasion présente, nioient la Transubstantiation & la Présence réelle du Corps du Christ. Elles ne disoient pas que ce Corps sous les espéces fût précisément de telle grandeur: elles disoient qu'il n'y étoit pas. L'Eglise décide donc qu'il y est; & voilà tout le sens du dogme.

Il y a des Théologiens qui font leur capital de la lettre; & qui, d'une seule décision, en font trois ou quatre. Un mot, une façon de parler, une expression figurée; autant d'articles de foi. De-là leur théologie est toute embarrassée, le dogme est tout mêlé de leurs opinions ; & celles-ci se font prendre enfin pour la vérité même, à force de l'entourer, de l'envelopper & de se parer de son nom.

Il n'y a point de sujet que ces Sçavans, ces Théologiens dont je parle, ayent plus chargé de leurs commentaires que celui-ci : & comme la forte impression que font ces commentaires sur plusieurs esprits, les peut prévenir mal-à-propos contre ce qui me reste à dire ; je crois que pour l'intérêt de la vérité, à laquelle cette explication peut être utile, je dois faire ici une remarque sur cette méthode de commenter, & sur la manière dont se doivent entendre les décisions de l'Eglise.

En général l'Eglise parle pour être entendue. Elle ne peut donc s'empêcher d'adopter des expressions & des phrases, certaines manières d'écrire & de parler, en un mot, le langage qu'on entend dans le siécle où elle parle. Les Sçavans & tous les Auteurs sont dans la même nécessité ; & il est évident que pour communiquer avec ceux qui existent, il n'y a pas d'autre moyen qu'on puisse prendre.

SUR LA RAISON, 373

De-là vient que dans les saints Pères, comme dans les Conciles de leur tems, on trouve des phrases aristotéliques, platoniciennes & quelquefois des phrases populaires; le tout sans conséquence, parce que ces phrases & ces expressions veulent dire précisément que tel langage étoit en usage en tel siécle, que c'étoient-là les expressions les plus intelligibles, les plus usitées, &c.; & non pas que l'Eglise approuve telle doctrine ou telle secte dont elle emploie en ce moment les expressions & le stile. En voici un exemple fort clair.

L'Eglise veut décider le dogme de la Transubstantiation, & faire entendre distinctement qu'après la consécration le pain & le vin ne sont plus. Les yeux & les autres sens semblent nous dire le contraire, parce que les apparences demeurent les mêmes: il s'agit donc de faire entendre que bien que les apparences demeurent les mêmes, cependant le pain & le vin n'y sont plus. Il s'agit de le dire aux Philosophes du tems, & de le leur dire si nettement *qu'ils ne puissent douter en aucune manière du sens du dogme*. Que fait donc l'Eglise ? Elle se sert de leur propre langage, d'une phrase philosophique, de tout ce qu'il y a de plus précis & de plus juste pour eux. Et comme chez tous ces Philosophes les apparences ou les espéces s'appelloient des *accidents*, dont ils s'imaginoient que le pain étoit le support ou le *sujet*; l'Eglise leur déclare qu'en ce cas *les accidents* demeurent-là sans *sujet*. Comme si elle leur eût dit : Puisque par le mot *accident* vous entendez les apparences, & que par le mot de *sujet* vous entendez le pain & le vin; je déclare que les *accidents* demeurent-là sans *sujet*; c'est-à-dire, en langage vulgaire, qu'il n'y a plus de pain sur l'autel, quoiqu'il semble encore y en avoir. La pensée du Concile n'est pas que l'Eglise adopte cette opinion, *que la substance du pain est véritablement le sujet des apparences ou des espéces*. Il ne veut pas dire que ces *espéces* quelconques soient bien nommées des *accidents*. L'objet de sa décision n'est pas la doctrine si fameuse *des accidents absolus* : car cette doctrine seroit de foi, ce que l'on sçait être très-faux. Donc le Concile emploie cette phrase comme une phrase usitée, une phrase du tems, précise pour les Ecoles,

& une phrase qui porte aux Sçavans la pensée de l'Eglise.

Il faut donc s'être bien assuré de l'intention d'un Concile, avant qu'on se puisse prévaloir de son autorité; car cette autorité ne peut servir qu'à prouver ce qu'il avoit en vue. Quand l'Eglise, par exemple, définit qu'il y a deux natures en Jesus-Christ, son intention est d'empêcher d'y en croire une seule : mais on ne peut objecter cette définition à ceux qui en admettent trois; la nature divine, la nature de l'ame & celle du corps. L'Eglise s'exprime ainsi populairement, comme ceux à qui elle parle; parce que, avec leur propre expression, elle va mieux à l'encontre de leur pensée.

Il est donc clair que pour avoir le sens, soit d'une expression populaire, soit d'une expression scholastique, dont l'Eglise fait usage, il ne faut pas s'amuser à la lettre; il faut regarder à l'esprit & à l'intention de son discours: & cet esprit se trouve dans le sujet même de la décision, dans le sens de l'hérésie, dans la cause du Concile.

Ainsi ce que dit le Concile de Viennes sur *l'information du corps*, sera très-facile à entendre, quand on aura considéré ce que prétendoient les Hérétiques qu'il s'agissoit de condamner. L'ame, selon eux, *habitoit & conduisoit le corps, comme un cocher méne un char : dans cette simple conduite consistoit l'union de ces substances ; & l'ame n'étoit pas la forme du corps.* L'Eglise condamne ces faussetés, en langue péripatétique ; & on voit fort bien ce qu'elle veut dire. J'ai expliqué le sens de cette condamnation, ci-dessus, page 322.

Il est encore clair que l'Eglise, dans ses décisions contre les Protestans, n'a jamais prétendu parler, ni de *l'essence de la matière*, ni de la *pénétration*, ni de la *réplication*, ni d'aucune autre question semblable que les Hérétiques n'agitoient point. Elle a voulu nous dire trois choses,

1°. Qu'en vertu des paroles de la consécration, le pain se change réellement & véritablement au Corps du Sauveur, & le vin en son Sang ; que le Corps, le Sang, l'Ame & la Divinité de Jesus-Christ sont réellement & véritablement sous les espéces du pain & du vin, & sous chaque portion des espéces, quand la division en est faite.

2°. Que les apparences de pain & de vin, qui perséverent après la consécration, sont des apparences trompeuses, & qu'il ne faut nullement s'arrêter à ce qu'elles paroissent nous dire, sçavoir, que les matières n'ont pas été changées, ou *transubstantiées*, comme la Foi nous l'enseigne.

3°. Que Jesus-Christ entier, la même Personne, le même Homme-Dieu, est réellement en même-tems sous les apparences de toutes les hosties & de tous les vins consacrés qui peuvent être dans le monde, quoiqu'il n'y ait qu'un seul Jesus-Christ ; c'est-à-dire, *une seule Personne divine unie à une ame & à un corps ;* de même que chaque particulier n'a qu'une seule ame & un seul corps.

Tandis qu'on dira ces trois choses, on dira ce que prétend l'Eglise. Tout ce qu'elle a dit sur ce sujet est renfermé dans ces trois points ; & elle entend ces trois articles, comme le vulgaire même les entend, dans le sens que présentent au peuple les paroles que l'on vient de lire.

Mais quoi ? Comment les Philosophes expliqueront-ils tout ceci ? C'est de quoi elle ne se soucie point. La décision est *de Foi* : l'explication sera de génie. La décision est une expérience : l'explication sera un système. Et jamais un système philosophique n'est contraire à la Foi, que lorsqu'étant évalué en langage vulgaire, il est contradictoire à ce que décide l'Eglise. Je rends ceci sensible par un exemple.

Un homme, que l'on suppose sans lettres, dit qu'au mois de Décembre *l'air est froid*. Cet homme ne fait pas le Philosophe : il veut dire seulement qu'on a froid, quand on se met à l'air. Il se présente trois Philosophes pour expliquer *ce froid*. Le premier dit que le froid est dans l'air ; le second, qu'il est dans les doigts ; le troisième, qu'il est dans l'ame seule. Mais tous ils conviennent qu'en Décembre on sent du froid, quand on se met à l'air. Donc ces trois Philosophes pensent comme cet homme ; & si sa proposition étoit une décision de l'Eglise ; tous les trois seroient Catholiques, quoique deux d'entr'eux disent formellement que l'air n'est pas froid.

Cet exemple, & plusieurs autres qu'on pourroit apporter, font voir qu'une explication philosophique doit être évaluée & réduite en expreſſion vulgaire, avant que l'on puiſſe décider ſi elle eſt pour ou contre la *Foi*. Et peu importe à la Religion quel biais prendra un Philoſophe, pour s'aſſurer de ſes idées, pourvu qu'en raiſonnant conſéquemment à celui qu'il aura pris, il arrive au ſens populaire, ou ſi l'on veut théologique, qu'on ſçait que l'Egliſe a en vue. Peu importe, par exemple, au fidéle qui tient que Notre-Seigneur actuellement préſent en pluſieurs lieux à la fois n'a qu'un ſeul Corps, quelle explication philoſophique il y aura là-deſſous ; pourvu qu'elle conduiſe évidemment à ſoutenir, comme lui, qu'ainſi réellement Jeſus-Chriſt n'a qu'un Corps, & qu'on a tout autant de raiſon de ſe le perſuader, que de croire que ſoi-même on n'en a qu'un.

Or voici comme on peut montrer cette unité du Corps du Sauveur, tandis qu'il eſt actuellement préſent en pluſieurs lieux à la fois ; ſans recourir à des chimères *de replication*, *de bilocation* & autres ſemblables abſurdités qui apprêtent à rire aux Hérétiques, & qui les empêchent de plus en plus de reconnoître la vérité.

Tout mon secret consiste à faire remarquer que comme, par exemple, un nerf optique est composé d'une infinité de filets, ou pour mieux dire, d'autres nerfs optiques semblables entr'eux & au total; ainsi chaque autre partie du corps est pareillement composée, ensorte que le corps entier consiste en une infinité de corps semblables entr'eux & au total, qu'une cause infiniment puissante & sage peut conserver tous séparés, *aux mêmes conditions & de la même manière qu'elle les tient à-présent les uns auprès des autres.*

Or j'ai déjà assez expliqué comment chaque corps élémentaire faisoit, rélativement à l'ame, l'office du total; *l'ame étant affectée du même corps immédiat à l'occasion, soit d'un élément, soit de plusieurs ensemble, soit de toute la masse.* J'ai donc déjà assez expliqué comment l'ame, soit avec un élément, soit avec plusieurs ensemble, soit avec leur totalité, faisoit tout le même homme; & qu'ainsi cet homme se pouvoit trouver en plusieurs lieux à la fois. Mais voici encore une autre façon de concevoir la chose.

Le pain que nous mangeons journellement, & qui par voie d'accroissement ou de réparation quelconque de notre corps, devient notre chair, notre sang, nos os, &c.; ce pain, dis-je, vient par ce moyen à acquérir l'union avec notre ame, & tandis qu'il nous demeure avec cette forme, il est réellement notre corps: car si le corps d'un homme, en croissant uniformément & avec une exacte proportion dans toutes ses parties, avoit acquis cinquante fois la *valeur* de sa première masse, & s'il venoit à perdre par transpiration ou telle autre dissipation que vous voudrez quelques-unes de ses acquisitions & même sa première masse, il est clair que son ame & les *valeurs* restantes feroient toujours le même homme. Il est même fort croyable que nous en sommes tous là; car un homme de trente ou quarante ans fort vraisemblablement n'a plus aucune partie de son corps de deux mois. Mais je n'ai nul besoin que cela soit vrai; il suffit qu'on voie sensiblement & démonstrativement que, quand cela seroit, ce seroit toujours le même homme & le même corps.

Continuons de considérer & de distinguer toutes ces valeurs dont on vient de parler; & remarquons d'abord que de même qu'un homme verroit en regardant d'un œil ce qu'il voit des deux, & qu'il entendroit d'une oreille ce qu'il entend des deux, ainsi du reste, de même chacune de ces valeurs fait rélativement à l'ame l'office de tout le corps, & toutes ensemble ne font simplement que ce même office; c'est-à-dire que l'ame avec chaque valeur fait réellement l'homme, & qu'avec toutes ensemble elle ne fait que ce même homme.

Nous remarquerons ensuite que toutes ces valeurs sont les effets d'autant de transsubstantiations qui ne se sont opérées qu'à la longue, parce que dans l'ordre naturel les changemens n'arrivent que par dégrés : mais ce qui coûte des années à la nature, peut n'être que l'ouvrage d'un moment dans l'ordre surnaturel. La consécration équivaut à une opération de toute la vie, & change subitement le pain consacré en *une valeur* du Corps du Sauveur. Tant que durent les espéces, voilà son Corps; quand les espéces ne subsistent plus, ce n'est plus lui; comme ce que nous avons transpiré n'est plus rien pour notre ame.

SUR LA RAISON. 383

On peut donc, soit à l'aide de cette idée de *valeurs*, soit à l'aide de celle d'*élémens* que nous avons employée ci-dessus, concevoir *la présence réelle* en plusieurs lieux à la fois. Mais pour en achever la notion, & pour faire concevoir facilement la présence ainsi multipliée du même corps, il faut se rappeller les deux remarques que j'ai insinuées ci-devant, page 344 : 1°. Que ces valeurs ou ces élémens sont impassibles, c'est-à-dire absolument indépendans des circonstances environnantes ; ce qui empêche ces mêmes circonstances de jetter de la variété, & de mêler rien d'étranger ni de particulier dans la sensation que ces valeurs ou que ces élémens occasionnent à l'ame, du corps entier : 2°. Que l'ame n'est point avertie, d'un avertissement sensible, de la dispersion de ces valeurs ou de ces élémens, ni de l'acquisition de nouvelles valeurs, &c. ; comme nous ne sommes pas avertis nous-mêmes de l'accroissement de notre corps, ni de sa diminution quand il maigrit ; quoiqu'il puisse acquérir de cette manière une valeur capable toute seule d'être notre corps ; ou en perdre une de la même quantité, & qui pendant plusieurs années avoit peut-être été notre corps même.

Je dis que, moyennant ces remarques, il ne reste plus rien à désirer touchant l'intelligence de la présence réelle; puisque la diversité des lieux devenant insensible en ce cas-là, l'humanité de Notre-Seigneur est parfaitement *une* pour lui-même; & qu'elle l'est pareillement pour ceux de ces lieux, qui tous reçoivent également le même Corps, la même Divinité, la même Ame, *Idem per omnia Christus*; & n'ont à penser qu'au même Dieu, au même Sauveur & à la même victime.

Il est sûr que la grande & même l'unique raison qui nous porte à juger que nous n'avons qu'un corps, c'est *l'unité de sentiment* que nous occasionnent ses sous-multiples: car alors, quoique composé réellement & en lui-même, il n'est pas composé pour nous. Donc on a toute la même raison, moyennant les remarques qu'on vient de voir, de n'attribuer au Sauveur qu'un seul corps, qu'on a de croire que nous n'en avons qu'un. Cela se conçoit du moins facilement; & que peut-on demander davantage?

Ce

Ce dogme de la présence réelle en plusieurs lieux à la fois démontre sensiblement, tout d'un coup, que l'ame n'est pas dans le corps: car l'ame n'est susceptible ni de résolution, ni de distribution, comme le corps. Ainsi supposer une ame en plusieurs lieux, c'est supposer autant d'ames que de lieux. Ce qui confirme notre opinion sur le monde des esprits, & rend plus vraisemblable notre théorie touchant la nature de la Raison.

On doit même regarder comme une preuve générale de la solidité de cette Philosophie, la manière naturelle dont ses principes s'accordent avec le dogme. C'est de quoi on a vu assez d'exemples dans tout ce dernier Livre. Cet accord n'est pas précisément une non-répugnance; c'est une liaison. Ce n'est pas-là s'entresouffrir; c'est se soutenir mutuellement. Cette manière de quadrer avec la Foi justifie nos raisonnemens; & ce que nous concluons pour elle, nous le concluons pour nous-mêmes.

Il est enfin tout-à-fait visible que l'Auteur d'une institution telle que l'Eucharistie, qui suppose une connoissance achevée de ce dont la matière

R

est capable; connoissance achevée, dans un tems d'ignorance où les Philosophes n'avoient pas même des commencemens sur ce sujet; connoissance achevée, où on ne le voit parvenir ni par méthode, ni par raisonnement, ni par aucun progrès, comme on voit parvenir tous les Sçavans; il est, dis-je, visible qu'un tel Auteur ni ne tiroit ses lumières des autres hommes, ni ne les avoit acquises successivement par aucune étude particulière.

Jettons à-présent un coup d'œil sur ce que nous avons fait. Voyons, depuis que nous suivons & que nous dévelopons ce principe *qu'il n'y a de véritable cause que Dieu*, qu'il est seul capable d'agir en nous, de nous donner nos lumières, nos mouvemens, nos sentimens; voyons, dis-je, ce que nous avons appris. Il semble que nous n'ayons approfondi qu'une question; mais nous avons plûtôt dévelopé toute une science. Ce n'est pas un morceau de Métaphysique que nous avons traité, c'est une Métaphysique entière. Il ne faut que parcourir maintenant ce qu'on a coutume d'agiter dans les Classes; & on va voir qu'en se décidant sur cette question fondamentale, on a son parti pris sur toutes les autres.

On remarquera de plus que cette Philosophie ne donne nulle part dans des culs-de-sacs. Elle n'arrive pas, comme toutes les autres, à des difficultés insolubles. Dans tous les autres sistêmes il y a toujours quelques points où l'on n'en peut plus : celui-ci au contraire n'excepte rien ; il n'a pour ainsi dire aucun problême de refus. Ici on a même affecté de s'étendre par préférence sur ceux qui passent généralement pour les plus difficiles ; & on a fait voir qu'une infinité de solutions impossibles par des principes isolés, se viennent ranger ici comme volontairement dans un ordre naturel, & ne sont que des cas d'une idée générale qu'on doit, ce semble, compter désormais au rang des vérités démontrées.

La Récapitulation est dans la Préface, page 11. C'est la conclusion générale qui conviendroit ici ; & il est à-propos de la lire.

ERRATA.

Pages.	Lignes.		
18	5,	elle fert,	lifez : & fert
98	4,	voyez,	lifez : voliez
214	6,	grande chofe,	lifez : grand'chofe
242	20,	millions,	lifez : plufieurs millions
241	21,	voyois,	lifez : vois
277	24,	créé,	ajoutez : n'y peut rien. Il est du moins fûr qu'aucun efprit créé
367	23,	d'un,	lifez : de l'un
383	20,	344,	lifez : 346, & 347.

www.ingramcontent.com/pod-product-compliance
Lightning Source LLC
Chambersburg PA
CBHW060344190426
43201CB00043B/747